"一带一路"列国人物传系

哈萨克斯坦7人传

伟大草原之国

夏里甫罕·阿布达里
阿布都力江·赛依提◎编著

五洲传播出版社·北京
China Intercontinental Press

图书在版编目（CIP）数据

哈萨克斯坦7人传 ： 伟大草原之国 / 夏里甫罕·阿布达里，阿布都力江·赛依提编著. -- 北京 ： 五洲传播出版社，2025. 2. -- ISBN 978-7-5085-5235-4

Ⅰ. K833.61

中国国家版本馆CIP数据核字第2024LM4432号

哈萨克斯坦7人传：伟大草原之国

编　　著：夏里甫罕·阿布达里　阿布都力江·赛依提

出 版 人：关　宏

责任编辑：侯琴雅

装帧设计：山谷有魚

出版发行：五洲传播出版社

地　　址：北京市海淀区北三环中路31号生产力大楼B座6层

邮　　编：100088

发行电话：010-82005927，010-82007837

网　　址：http://www.cicc.org.cn，http://www.thatsbooks.com

印　　刷：北京市房山腾龙印刷厂

版　　次：2025年2月第1版第1次印刷

开　　本：880×1230mm 1/32

印　　张：7.75

字　　数：280千

定　　价：49.80元

《“一带一路”列国人物传系》编辑委员会

总　序
群星闪耀“一带一路”

“2100 多年前，中国汉代的张骞肩负和平友好使命，两次出使中亚，开启了中国同中亚各国友好交往的大门，开辟出一条横贯东西、连接欧亚的丝绸之路。”[1] 2013 年 9 月 7 日，中国国家主席习近平在哈萨克斯坦纳扎尔巴耶夫大学发表演讲，以博古通今的睿智对大学生们娓娓道来丝绸之路古老而年轻的故事。

“我的家乡陕西，就位于古丝绸之路的起点。站在这里，回首历史，我仿佛听到了山间回荡的声声驼铃，看到了大漠飘飞的袅袅孤烟。这一切，让我感到十分亲切。哈萨克

[1]《习近平谈治国理政》，外文出版社，2014年10月第1版，第287页。

斯坦这片土地，是古丝绸之路经过的地方，曾经为沟通东西方文明，促进不同民族、不同文化相互交流和合作作出过重要贡献。东西方使节、商队、游客、学者、工匠川流不息，沿途各国互通有无、互学互鉴，共同推动了人类文明进步。”“不同种族、不同信仰、不同文化背景的国家完全可以共享和平，共同发展。这是古丝绸之路留给我们的宝贵启示。”“为了使我们欧亚各国经济联系更加紧密、相互合作更加深入、发展空间更加广阔，我们可以用创新的合作模式，共同建设‘丝绸之路经济带’。”[1] 推己及人，高瞻远瞩，引领时代，习近平主席在阿斯塔纳[2]通过哈萨克斯坦人民，首次向世界发出了让古老的丝路精神再次焕发青春和光彩的时代宣言。

2013 年 10 月 3 日，习近平主席在印度尼西亚国会发表了题为《共同建设二十一世纪“海上丝绸之路”》的演讲：“东南亚地区自古以来就是‘海上丝绸之路’的重要枢纽，

[1]《习近平谈治国理政》，外文出版社，2014年10月第1版，第287、288、289页。

[2] 哈萨克斯坦新首都名称。

中国愿同东盟国家加强海上合作，使用好中国政府设立的中国—东盟海上合作基金，发展好海洋合作伙伴关系，共同建设21世纪‘海上丝绸之路’”，“发挥各自优势，实现多元共生、包容共进，共同造福于本地区人民和世界各国人民”。[1]这个倡议和9月7日的演讲异曲同工、遥相呼应、互为映衬，完整地提出了“丝绸之路经济带”和“21世纪海上丝绸之路”的宏伟构想。

从广袤的亚欧腹地哈萨克斯坦到风光旖旎的印度尼西亚，习近平主席提出的“丝绸之路经济带”和“21世纪海上丝绸之路”吸引了世界各国的目光。从2013年9月至2016年8月，习近平主席出访37个国家（亚洲18国、欧洲9国、非洲3国、拉美4国、大洋洲3国），对“一带一路”倡议的总体框架和基本内涵作了充分阐述。和平合作、开放包容、互学互鉴、互利共赢的丝路精神，共商、共建、共享的合作理念，驱散了“去全球化”的阴霾，为增长低

[1]《习近平谈治国理政》，外文出版社，2014年10月第1版，第293、295页。

迷的世界经济注入新的动能。各国纷纷将本国经济发展与中国政府制定的《推动共建丝绸之路经济带和 21 世纪海上丝绸之路的愿景与行动》规划相衔接。“一带一路”倡导的政策沟通、设施联通、贸易畅通、资金融通、民心相通等“五通”，正在以基础设施、经贸合作、产业投资、能源资源、金融支撑、人文交流、生态环保、海洋合作等为载体和依托，在全球掀起了投资兴业、互联互通、技术创新、产能合作的新势头。2016 年中国牵头成立有 57 个成员国加入的亚洲基础设施投资银行（AIIB），2017 年 3 月 23 日迎来 13 个新伙伴。孟加拉配电系统升级扩容项目、印尼全国棚户区改造项目、巴基斯坦国家高速公路项目和塔吉克斯坦杜尚别至乌兹别克斯坦道路改造项目已经获得亚投行金融支持，共商共建成为现实。

“一带一路”倡议得到国际社会的热烈响应。2016 年 11 月 17 日，第 71 届联合国大会 193 个成员国一致赞同，通过了第 A/71/9 号决议，欢迎“一带一路”倡议，敦促各国通过参与“一带一路”，呼吁国际社会为开展“一带一路”建设提供安全保障环境。2017 年 3 月 17 日，联合国安理会全票赞成，一致通过第2344号决议，呼吁国际社会凝聚援助阿富汗共识，通过“一带一路”建设等加强区域经济合作，敦促各方为“一带一路”建设提供安全保障环境。

2017年1月，习近平主席在联合国日内瓦总部发表题为《共同构建人类命运共同体》的重要演讲，全面深入系统阐述人类命运共同体重大理念，在国际上引起热烈反响，受到各方普遍欢迎和高度评价。3月23日，联合国人权理事会第34次会议通过关于“经济、社会、文化权利”和“粮食权”两个决议，决议明确表示要通过“一带一路”建设“构建人类命运共同体”。这是人类命运共同体重大理念首次载入人权理事会决议，标志着这一理念成为国际人权话语体系的重要组成部分。2017年5月，北京喜迎来自“一带一路”相关国家的元首、政府首脑、前政要，以及国际组织负责人，还有专家学者和知名企业家等各界代表上千人，出席“‘一带一路’国际合作高峰论坛”，共商沿线各国之合作共赢大计。

“一带一路”不是中国的独角戏，是与亚、欧、非洲及世界各国共同奏响的交响乐。中国恪守联合国宪章的宗旨和原则，坚持开放合作、和谐包容、政策沟通，培育政治互信，建立合作共识，协调发展战略、促进贸易便利化及多边合作体制机制。中国携手100多个国家和地区，依托国际大通道，以陆上沿线中心城市为支撑，以重点经贸产业园区为合作平台，共同打造新亚欧大陆桥、中蒙俄、中国—中亚—西亚、中巴、孟中印缅、中国—中南半岛等国际经济合作走廊进展顺利，中欧班列在贸易畅通上动力强劲，风景亮丽；以海上重点港口为节点，共同建设通畅安全高效的运输通道，实现陆海路径的紧密关联和合作，太平洋、印度洋、大西洋上巨轮往来频繁，不亦乐乎。亚太经合组织、亚欧会议、大湄公河次区域合作等有关决议或文件，都体现了"一带一路"建设内容。丝路基金、开发性金融、供应链金融汇聚全球财富，建设绿色、健康、智慧与和平的丝绸之路，增进各国民众福祉。

"一带一路"是人类历史上从未有过的恢宏蓝图，也是横跨亚非欧连接世界各国的暖心红线。"丝绸之路经济带"包括中国经中亚、俄罗斯至欧洲（波罗的海），中国经中亚、西亚至波斯湾、地中海，中国至东南亚、南亚、印度洋；

“21 世纪海上丝绸之路”包括从中国沿海港口过南海到印度洋，再延伸至欧洲和到南太平洋。一路驼铃声声、舟楫相望，互通有无、友好交往。

在新的时代，在创新古丝路精神的伟大进程中，习近平主席专门缅怀丝路开拓者，特意致敬古丝路精神奠基人：“我们的祖先在大漠戈壁上‘驰命走驿，不绝于时月’，在汪洋大海中‘云帆高张，昼夜星驰’，走在了古代世界各民族友好交往的前列。甘英、郑和、伊本·白图泰是我们熟悉的中阿交流友好使者。丝绸之路把中国的造纸术、火药、印刷术、指南针经阿拉伯地区传播到欧洲，又把阿拉伯的天文、历法、医药介绍到中国，在文明交流互鉴史上写下了重要篇章。千百年来，丝绸之路承载的和平合作、开放包容、互学互鉴、互利共赢精神薪火相传。”[1]这种吃水不忘挖井人的情怀，再次展现了中华民族不忘历史、纪念先贤、展望未来的优秀文化基因，也为中国传记文学学会参加“一带一路”建设指明了方向和道路。

---

[1] 习近平：《弘扬丝路精神 深化中阿合作——在中阿合作论坛第六届部长级会议开幕式上的讲话》，《人民日报》2014年6月6日。

在古老的丝绸之路上，我们不曾相忘：张骞出使西域到过的哈萨克斯坦，山高水长的好邻居巴基斯坦，双头鹰下横跨欧亚之国俄罗斯，草原之国蒙古，喜马拉雅浮世天堂尼泊尔，菩提恒河保佑之国印度，文化瑰宝伊朗，首创法典之国伊拉克，红海门户之国也门，石油王国沙特阿拉伯，波斯湾明珠巴林，雪松之国黎巴嫩，海湾之秀科威特，沙漠之巅阿联酋，半岛明珠之国卡塔尔，波斯湾霍尔木兹海峡守门人阿曼，万湖之国白俄罗斯，欧亚十字路口土耳其，流着奶和蜜之地以色列，欧洲粮仓乌克兰，亚平宁半岛上的文化巅峰意大利，阿尔卑斯之巅的瑞士，玫瑰之国保加利亚，与灵魂对话的思辨之国德意志，欧洲文化殿堂法兰西，欧洲客厅比利时，郁金香之国荷兰，热情如火的西班牙，还有绅士国度英国，北非金字塔之国埃及，非洲屋脊奉马蹄莲为国花的埃塞俄比亚，香草大岛之国马达加斯加，等等。

沿着海上丝绸之路，我们会领略丛林花园之国马来西亚，花园国度新加坡，千岛之国菲律宾，赤道翡翠之国印度尼西亚；沿澜沧江一路南下，我们不曾相忘澜湄泽润之国越南，千佛之国泰国，高棉的微笑之国柬埔寨，万象之都老挝，印度洋上明珠之国斯里兰卡，印度洋上的明星和钥匙毛里求斯，堆金积玉之国文莱，追求自由之国东帝汶，印度洋世外桃源马尔代夫，骑在羊背上的国家澳大利亚，上帝的后花园新西兰，等等。

“一带一路”沿线国家里，那些千百年来影响了人类与国家、民族命运并与中国曾经有过交往的古今人物，至今还能在教科书、影视剧里看到他们，还能感受到他们在一代一代年轻人身上所生发的影响和魅力。

当然，对于中国人来说，更为熟悉的是丝绸之路的开拓者。曾记否？丝绸之路开拓者中，有汉武帝和他的使节们，有首开大唐盛世的唐太宗及其无数臣民，有再续睦邻通商航海路的宋祖朝廷和无数先贤，还有金戈铁马风漫卷的元代人物，一统江山万里帆的明代人物，环球凉热自清浊的清代人物，东西碰撞溅火花的近代人物，经受风雨变迁、勇立海国之志的现代人物，更有丝路明珠敦煌莫高窟的守护者，卫国助邻的将军和通司中外的外交家们。当然，数风流人物，还看今朝，我们不能不浓墨重彩地讴歌那些智通商海，投身到新丝路建设中的当代人物。

耕云播雨，香火延续，智慧传承，历史再续！2100多年的友好交往历史从未隔断，惠及三大洲的中西交通从未停歇，21世纪的"中国梦"和"世界梦"汇成了人类命运共同体的时代和弦，响彻在"一带一路"辽阔的长空。也正因如此，在2023年的金秋时节，习近平主席同来自五洲四海的新老朋友相聚北京，共同出席第三届"一带一路"国际合作高峰论坛。世界的目光再次聚焦北京、聚焦中国。10年来，在各方的共同努力下，共建"一带一路"从中国倡议走向国际实践，从理念转化为行动，从愿景转变为现实，从谋篇布局的"大写意"到精耕细作的"工笔画"，取得实打实、沉甸甸的成就，成为深受欢迎的国际公共产品和国际合作平台。"一带一路"合作从亚欧大陆延伸到非洲和拉美，150多个国家、30多个国际组织签署共建"一带一路"合作文件，举办3届"一带一路"国际合作高峰论坛，成立了20多个专业领域多边合作平台。[1]这是中华

[1]《习近平在第三届"一带一路"国际合作高峰论坛开幕式上的主旨演讲（全文）》，2023年10月18日，https://www.gov.cn/yaowen/liebiao/202310/content_6909882.htm。

民族和世界历史上都应该铭记的大日子。

“一带一路”沿线国家拥有各自悠久的历史和丰富的文化传统，从古到今，涌现出了许多令人钦佩的人物，他们的成就在促进不同文化之间的民心相通方面发挥了重要作用，他们的贡献有助于加深各国人民之间的理解和合作。以人物传记写作为己任的中国传记文学学会，在“一带一路”倡议实施中，肩负“讲好‘一带一路’民心相通好故事”的使命和责任，这也是国家赋予我们的根本职责和任务。在中国文学艺术界联合会的领导下，在中国社会科学院国家全球战略智库指导下，中国传记文学学会以赤诚的家国情怀、强烈的时代精神、为人物传记的责任担当，在认真调研、周密谋划、精心组织基础上，毅然决定倾注全力组织编写、筹资出版“‘一带一路’列国人物传系”。此皇皇百卷传系讲述近千名各国卓越人物故事，集数百位专家作家尽心挥毫，冬去春来，夜以继日……幸得各界人士倾力赞助，又得中国出版集团公司华文出版社、当代世界出版社、五洲传播出版社出版发行。于是，各位读者得以读到手中的这套活泼而不失厚重、有趣而不失学养的列国人物合传书卷。

孔子曰 :“仁者，人也。” 让各国的先贤智者的思想光辉，照亮我们探索人类未来的道路。

传记明志，落笔为文，是为总序。

中国传记文学学会会长

“‘一带一路’列国人物传系”编委会主任

王丽 博士

2023 年 10 月 18 日

Introduction: The Star-studded "Belt and Road"

On September 7, 2013, Chinese President Xi Jinping delivered a speech at Kazakhstan's Nazarbayev University, telling college students the ancient yet up to date stories of the Silk Road with well-versed wisdom.

"More than 2,100 years ago during the Han Dynasty (206 BC-220AD), a Chinese envoy named Zhang Qian was sent to Central Asia twice on missions of peace and friendship. His journeys opened the door to friendly contacts between China and Central Asian countries, and started the Silk Road linking east and west, Asia and Europe.

Shaanxi, my home province, is right at the starting point of the ancient Silk Road. Today, as I stand here and look back at that history, I seem to hear the camel bells echoing in the mountains and see the wisp of smoke rising from the desert, and this gives me a specially good feeling.

Kazakhstan, located on the ancient Silk Road, has made an important contribution to the exchanges between the Eastern and Western civilizations and the interactions and cooperation between various nations and cultures. This land has borne witness to a steady stream of envoys, caravans, travelers, scholars and artisans traveling between the East and the West. The exchanges and mutual learning thus made possible promoted the progress of human civilization." [1]

"Countries of different races, beliefs and cultural backgrounds are fully able to share peace and development. This is the valuable inspiration we have drawn from the ancient Silk Road," [2] and "to forge closer economic ties, deepen cooperation and expand

---

[1] *Xi Jinping: The Governance of China*. 1st ed., Foreign Languages Press, Beijing, October 2014, p.311.

[2] *Xi Jinping: The Governance of China*. 1st ed., Foreign Languages Press, Beijing, October 2014, p.312.

development space in the Eurasian region, we should take an innovative approach and jointly build an economic belt along the Silk Road." [1]

With caring, vision and leadership, through the people of Kazakhstan in Astana, President Xi Jinping, for the first time, has made a declaration to the world that would rejuvenate the spirit of the ancient Silk Road.

On October 3, 2013, President Xi Jinping gave a speech titled "Work Together to Build a 21st-century Maritime Silk Road" at the People's Representative Council of Indonesia.

"Southeast Asia has since ancient times been an important hub along the ancient Maritime Silk Road. China will strengthen maritime cooperation with the ASEAN countries, and the China-ASEAN Maritime Cooperation Fund set up by the Chinese government should be used to develop maritime partnership in a joint effort to build the 'Maritime Silk Road' of the 21st century." [2] And "the two

---

[1] *Xi Jinping: The Governance of China*. 1st ed., Foreign Languages Press, Beijing, October 2014, p.313.

[2] *Xi Jinping: The Governance of China*. 1st ed., Foreign Languages Press, Beijing, October 2014, p.317.

sides need to give full rein to our respective strengths to enhance diversity, harmony, inclusiveness and common progress in our region for the benefit of both our people and the people outside the region." [1]

This initiative and the speech on September 7 both express the same idea and echo with each other, completing a grand vision of the "Silk Road Economic Belt" and the "21st Century Maritime Silk Road" .

From Kazakhstan in the vast Eurasian hinterland to the beautiful scenery of Indonesia, Xi Jinping's proposed "Silk Road Economic Belt" and "21st Century Maritime Silk Road" have attracted the attention of countries all over the world. From September 2013 to August 2016, Xi visited 37 countries (18 in Asia, 9 in Europe, 3 in Africa, 4 in Latin America and 3 in Oceania), and fully elaborated on the overall framework and basic connotation of the "Belt and Road" initiative. The Silk Road spirit

---

[1] *Xi Jinping: The Governance of China*. 1st ed., Foreign Languages Press, Beijing, October 2014, p.319.

of peace and cooperation, openness and inclusiveness, mutual learning, and mutual benefit, combined with the idea that projects should be jointly built through consultation to meet the interests of all, dispels the haze of "de-globalization" and injects new kinetic energy into the sluggish growth of the world economy. Many countries have linked up their own economic development to the "Vision and proposed actions outlined on jointly building Silk Road Economic Belt and 21st- Century Maritime Silk Road" proposed by the Chinese government.

The "Belt and Road" initiative advocates policy coordination, facilities connectivity, unimpeded trade, financial integration, and people-to-people bond. With the emphasis on infrastructure build-up, economic and trade cooperation, industrial investment, energy resources development, financial support, people-to-people exchanges, ecological environmental protection, and marine cooperation, the initiative has set off a new momentum in investment, trade activity, technological innovation, and production capacity cooperation in the world. In 2016, China led the establishment of the Asian Infrastructure Investment Bank (AIIB), which was joined by 57 member states. As of June 26, 2018, after six expansions, the total number of members increased to 87, and 28 projects had been carried out in 13 countries. The Bangladesh Power Distribution System Upgrade Expansion Project, the Indonesia National Shanty Town Transformation Project, the Pakistan National Highway Project and the Tajikistan Dushanbe-Uzbekistan Border Road Improvement Project have received financial support from the AIIB. The idea of joint project implementation through consultation to meet the interests of all has since turned into reality .

The "Belt and Road" initiative has drawn strong and positive feedback from the international community. On November 17, 2016, the 71st session of the 193 members of the United Nations General Assembly unanimously endorsed the adoption of resolution A/71/9 to welcome the "Belt and Road" proposal, encouraging all of its member states to boost economic development of Afghanistan and the region through participation in the proposed project. In addition, it called on the international community to provide a safe and secure environment for the implementation of the initiative. On March 17, 2017, the United Nations Security Council voted unanimously to adopt resolution NO. 2344, and called on the international community to rally assistance to Afghanistan, and strengthen regional economic cooperation through the "Belt and Road" initiative, etc. It also urged all parties to provide a safe and secured environment for carrying out the program.

In January 2017, President Xi Jinping delivered a keynote speech at the United Nations Office at Geneva titled "Work Together to Build a Community of Shared Future for Mankind", comprehensively and systematically elucidated the fundamental idea of a community with a shared future for mankind, which echoed enthusiastically in the international community and was widely welcomed and highly applauded by many countries, organizations and political parties. At its 34th meeting, on March 23, the United Nations Human Rights Council adopted two resolutions on “economic, social and cultural rights” and “the right to food”, which clearly stated the need to “build a community with a shared future for mankind” . This is the first time the landmark concept of a community with a shared future for mankind has been incorporated into a UN Human Rights Council resolution, and it has become an important part of the international human rights discourse system.

The “Belt and Road” is not a solo play by China only, but a symphony played in concert with Asia, Europe, Africa and countries around the world. China abides by the purposes and principles of the UN Charter, advocates openness and cooperation, espouses harmony and inclusiveness, supports policy coordination, fosters political mutual trust, builds consensus on cooperation, coordinates development strategies and promotes trade facilitation and the institutional mechanisms of multilateral cooperation. China has joined hands with more than 100 countries and regions to co- create a new Eurasian continental bridge. This has been accomplished by taking advantage of international transport routes that are supportive of the central cities along the "Belt and Road" , and building key economic and trade industrial parks as a platform for cooperation. China-Mongolia-Russia, China-Central Asia-West Asia, China-Pakistan, Bangladesh-China-India-Myanmar, China-Indochina Peninsula and other international economic cooperation corridors are progressing smoothly. China Railway Express accentuates trade and shipping overland between China and Europe with a bright future. Meanwhile, key sea ports also serve as the nodes to jointly build a smooth, safe and efficient transportation network, and hence enables a close connection between land and sea routes. Together with the overland cargo train transportation, the frequent cargo ships sailing on the Pacific, Indian and Atlantic Oceans poses an amazing picture. In summary, the relevant resolutions or documents of the Asia-Pacific Economic Cooperation, the Asia-Europe Meeting, and the Greater Mekong Subregion Economic Cooperation program all embody the "Belt and Road" initiative. By bringing together the world' s wealth, Silk Road Fund, development finance, and supply chain finance strive to build a green, healthy, intelligent and peaceful Silk Road, and enhance the well-being of people around the globe.

The "Belt and Road" is a grand blueprint that has never been seen in human history. It is also a warm heart line that connects Asia, Africa and Europe to countries around the world. The Silk Road Economic Belt includes China via Central Asia, Russia to Europe (Baltic Sea), China via Central Asia, West Asia to the Persian Gulf, the Mediterranean Sea, China to Southeast Asia, South Asia, and the Indian Ocean; the 21st Century Maritime Silk Road includes from China's coastal ports to the South China Sea as well as the Indian Ocean that extends to Europe and the South Pacific. Friendly exchanges among countries are just a camel-ride and a boat trip away from each other.

In this new era and the great course of renovating the spirit of the ancient Silk Road, President Xi Jinping dedicated to cherish the pioneers of the Silk Road and particularly pay tribute to the founders of the spirit of the ancient Silk Road:

"In ancient times, our ancestors struggled through deserts and sailed in boundless seas to transport Chinese products to countries overseas, taking a lead in international friendly contact. Along that path, Kan Ying, Zheng He and Ibn Battuta were all known as envoys of this China-Arab friendship. Through the Silk Road, Chinese inventions like paper-making, gunpowder, printing and the magnetic compass were spread to Europe, and Arabic conceptions like astronomy, the calendar and medicine were introduced to China.

For hundreds of years, the spirit that the Silk Road bears, namely, peace and cooperation, openness and inclusiveness, mutual learning, mutual benefits and win-win results, has lived on through generations." [1]

There is a Chinese saying that when you drink the water, think of those who dug the well. The implication that the Chinese people never forget history is clearly demonstrated in our excellent

---

[1] Xi Jinping, "Promoting the Silk Road Spirit and Deepening China–Arab Cooperation." Key Note Speech at the Opening Ceremony of the 6th Ministerial Meeting of the China–Arab States Cooperation Forum, section one, People's Daily, June 6, 2014.

cultural tradition of commemorating the sages and at the same time looking forward to the future. It also points out the direction and path for the Chinese Biographical Literature Society to participate in the "Belt and Road" initiative.

On the ancient Silk Road, we have never forgotten Zhang Qian's twice diplomatic missions to the western regions in Han Dynasty that include Kazakhstan, the good neighbor Pakistan with high mountains and beautiful rivers, the double-headed eagle across Eurasian country Russia, grassland country Mongolia, Himalaya floating paradise Nepal, Bodhi Ganges blessed country India, cultural treasure Iran, the first Codex System member country Iraq, Red Sea gateway Yemen, oil kingdom Saudi Arabia, the Persian Gulf pearl Bahrain, cedar country Lebanon, Gulf Star Kuwait, desert peak UAE, the Peninsula pearl Qatar, and Oman—the gatekeeper of Hormuz Strait at Persian Gulf, thousand-lake country Belarus, Turkey at the Eurasian crossroads, Israel—a land flowing with milk and honey, Ukraine of European granary, Italy—the cultural pinnacle of Apennines, Switzerland at the top of Alpine, rose country Bulgaria, and Germany, a nation famous for great thinkers, France, the center of the European culture, the welcoming and comfortable Belgium, tulip country Netherlands, the warm and sunny Spain, as well as the elegant Britain, pyramid country Egypt in North Africa, Ethiopia on the roof of Africa with the national flower of calla lily, the great Vanilla Island country Madagascar, and so on.

Along the Maritime Silk Road, we will come across Malaysia, the country of jungle gardens, garden country Singapore, the Thousand Islands country Philippines, and Indonesia, an emerald on the equator line. Down the Lancang-Mekong River all the way south, we will experience Vietnam whose land moistened by the Lancang-Mekong River, Thailand, the country of thousand Buddhas, the smiling country of Khmer Cambodia, and Laos, the "Land of a Million Elephants" . On the Indian Ocean, we will also see the ocean pearl Sri Lanka, the ocean star Mauritius, the rich and abundant Brunei, the freedom seeker East Timor, the idyllic Maldives, and Australia, a country on the back of the sheep, New

Zealand, the back garden of God, and so on.

In the countries along the Belt and Road, those ancient and modern figures who have influenced the destiny of mankind, countries and nations for thousands of years and had dealings with China are still seen in today's textbooks, movies and television dramas. Their influence and charm are still felt by generations of young people.

Certainly, for the Chinese people, we are more familiar with the pioneers of the Silk Road. Have we ever remembered? Among the trail blazers of the Silk Road were Emperor Wu of Han Dynasty and his envoys, Emperor Li Shimin, the co-founder of the Tang Dynasty that epitomized a golden age and his countless subjects, the Song imperial court and numerous sages who continued good-neighbor practice and friendly maritime navigation, as well as the Yuan Dynasty warriors who led armored cavalry with shining spears, the Ming Dynasty figures who unified the country, and the Qing Dynasty characters who maintained a clear mind during global turmoil, as well as the modern individuals who, by learning from both the west and the east in a time of rapid change, had the courage to build a sea power nation. There were also the guardians of Dunhuang Mogao Grottoes known as the Silk Road Pearl, the generals who safeguarded the country and helped the neighbors, and the diplomats who convey information and messages between China and foreign countries. Without a doubt, it is our current era that features true heroes. We can not praise highly enough the contemporary people who have been plunging themselves into the development of the new Silk Road.

Hard work pays off, family line continues, wisdom passes on, and history pushes forward! The history of friendly exchanges and traffic between China and the West, which benefits the four continents, for more than 2,100 years has been nonstop. The "Chinese Dream" and "World Dream" in the 21st century have become the chord of our time for humanity's shared future, resounding on the "Belt, and Road." For this reason, in May 2017, Beijing welcomed thousands of leaders from all walks of life, including heads of government, former eminent statesmen, well-known entrepreneurs, distinguished experts and scholars from the "Belt and Road" countries, as well as leaders of international organizations to attend the "International Cooperation Summit Forum." This grand event of "Thousands of people' s meeting" shared "solidarity, mutual trust, equality, inclusiveness, mutual learning and win-win cooperation"[1] and exchanged views on this "great undertaking benefiting of the people of all countries along the route." [2] This is a big day that should be remembered in the history of the Chinese nation and the world.

In the implementation of the "Belt and Road" initiative, the Chinese Biographical Literature Society that devotes to biography writing, takes as its the mission "telling the good stories" of the "Belt and Road", which is also the responsibilities entrusted to us

[1] Xi Jinping, *Promote Friendship between Our People and Work Together to Build a Bright Future*, Keynote speech at Nazarbayev University in Kazakhstan, September 7, 2013.

[2] Xi Jinping, *Promote Friendship between Our People and Work Together to Build a Bright Future*, Keynote speech at Nazarbayev University in Kazakhstan, September 7, 2013.

by the state.

Under the leadership of the China Federation of Literary and Art Circles and the guidance of the National Global Strategic Think Tank of the Chinese Academy of Social Sciences, the Chinese Biographical Literature Society, with its love for the family and the nation, a keen spirit of the age and the responsibility of writing decent biographies, by careful research, thorough planning and thoughtful organization, made an unwavering decision to devote itself to organizing and publishing the "The Legend of the People along the Belt and Road nations". These brilliant volumes of biographies tell the stories of nearly a thousand national characters, involving laborious work from hundreds of expert writers who had been writing day and night over years. Our gratitude extends to the China Intercontinental Press, for the publication and distribution. Thanks to their generosity and effort, readers now have the opportunity to read the vivid yet serious and interesting yet enlightened biographies of outstanding people from many nations.

Confucius said, "Humanity is of humans ." Let the brilliant

ideas of the wise men of all nations light up our path to explore the future of mankind.

The biographies are written for high ideals. Herein is the intro duction.

President of the Chinese Biographical Literature Society

Director of the Editorial Board of

"The Legend of the People along the Belt and Road"

Dr. Wang Li

March 30, 2019

目 录

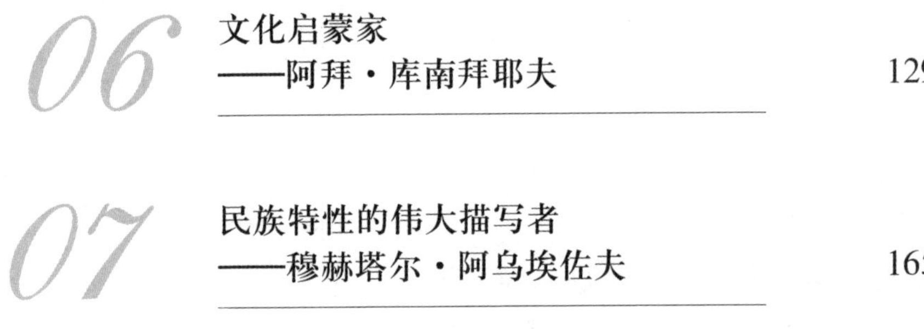

Contents

引　言

欧亚之国的欧亚情结

2015/2016 赛季哈萨克斯坦共和国阿斯塔纳足球队过五关斩六将，破天荒进入世界顶级赛事——欧洲冠军杯赛正赛；2017/2018 赛季，阿斯塔纳足球队参加欧洲联盟杯，并闯进 1/16 决赛……很多球迷纳闷：哈萨克斯坦是亚洲国家，怎么参加欧洲冠军杯和欧联杯呢？

其实，哈萨克斯坦共和国足球协会 2002 年脱亚入欧，所以其国家足球队和俱乐部可以参加欧足联各项赛事。哈萨克斯坦共和国足协脱亚入欧有很多考量，其中一个是地理因素，即哈萨克斯坦共和国的一部分领土在欧洲，这部分领土约占其国土面积的 5%。

哈萨克斯坦共和国，简称哈萨克斯坦，是一个位于中亚的内陆国家，也是世界上最大的内陆国，面积为 272.49 万平方千米，领土横跨亚欧两洲。国境线总长度超过 1.05

万千米。国土面积排名世界第 9 位。东南连接中国新疆，北邻俄罗斯，南与乌兹别克斯坦、土库曼斯坦和吉尔吉斯斯坦接壤。

根据 2021 年人口普查结果，哈萨克斯坦人口总数为 19186015 人，哈萨克族占 70.4%，俄罗斯族 15.5%，还有乌兹别克族、乌克兰族、白俄罗斯族、德意志族、鞑靼等民族。居民大多信奉伊斯兰教（逊尼派），还有一部分信仰东正教、天主教、犹太教等，具有明显的欧亚特色。哈萨克斯坦的国名来自其主体民族哈萨克族。

回溯历史，公元前后今哈萨克斯坦境内出现乌孙、康居、阿兰、悦般等游牧政体。

6—8 世纪，今哈萨克斯坦境内出现了西突厥汗国、突骑施、葛逻禄等游牧部落建立的国家。8—12 世纪，西部和西南部、南部和东南部先后出现了可萨汗国、乌古斯叶护国、基马克汗国和钦察联盟等国。13 世纪初，哈萨克斯坦西部、北部并入建立的金帐汗国，东部及东南部成为察哈台汗国的领地。

15 世纪，强盛一时的金帐汗走向衰败，无力对其统治区域内的臣民进行掌控，今哈萨克斯坦的大部分土地从金帐汗国分离。1456年，术赤素的苏丹克烈汗与贾尼别克汗率领民众东迁，最后在蒙兀儿斯坦一块名为库齐巴什的地方定居下来，建立汗国。由于他们是为了反抗和摆脱金帐汗的统治压迫而向东迁徙的，因此得名“哈萨克汗国”，“哈萨克”意为“广袤草原上自由迁徙的勇敢、自由的人们”。

16世纪初期，哈斯木汗统一哈萨克草原，哈萨克汗国达到鼎盛时期。之后，哈萨克族分为大玉兹、中玉兹和小玉兹三个汗国。

17世纪，位于哈萨克汗国东部的准噶尔部崛起，对哈萨克汗国构成日益严重的威胁，双方交战不断。1728年，哈萨克三个玉兹的汗和苏丹在斡尔达巴斯山会议上，一致决定共同对敌。1729年，在昂尔亥战役中，哈萨克军队对准噶尔军队给予了沉重的打击。1730年初，中玉兹苏丹阿布赉汗率军击溃准噶人。1941年，准噶尔策零发兵哈萨克汗国，一路攻中玉兹，一路攻小玉兹。阿布赉汗杀死策零小儿子，获得小胜，但终因寡不敌众被俘，直到两年后才被赎回。1743年，阿布赉汗成为哈萨克汗国三个玉兹共同的大汗。1747 年，在阿布赉汗的率领下，哈萨克军队反击准噶尔至爱古斯河，收回哈萨克人的牧场。

在对付夙敌准噶尔的同时，阿布赉汗避免四面树敌，在处理同俄国和清政府的关系上慎之又慎。

清政府平定准噶尔叛乱之后，阿布赉汗上表称臣，于 1771 年被清乾隆帝册封为哈萨克可汗。这一关系直接推动了哈萨克与清政府之间的经济贸易关系的发展。同时，阿布赉汗反对小玉兹投附俄国，一再拒绝俄国的馈赠，而是通过外交途径成功斡旋于中国和俄国之间，保障了哈萨克汗国的独立，并重新统一了分裂已久的哈萨克汗国。

哈萨克汗国从 1456 年成立到 1822 年遭俄罗斯帝国吞并，存在了 365 年。此后长期处于沙俄的统治之下。

1917 年 12 月 13 日因俄国革命，今天的哈萨克斯坦大部分土地成为脱离俄国统治暂时独立的阿拉什自治共和国的一部分。1920 年 8 月 26 日，吉尔吉斯苏维埃社会主义自治共和国成立，属俄罗斯联邦，1925 年 4 月 19 日改称哈萨克苏维埃社会主义自治共和国。1936 年定名为哈萨克苏维埃社会主义共和国，成为苏联加盟共和国。1990 年 10 月 25 日，发表主权宣言。1991 年 12 月 16 日，宣布独立，成立哈萨克斯坦共和国（简称：哈国）。

独立之初，由于各加盟共和国经济联系中断，哈萨克斯坦遭遇严重经济危机，出现了高达近 3000% 的恶性通货膨胀。作为对策，纳扎尔巴耶夫总统进行了大刀阔斧的经济改革，开始由计划经济向市场经济的艰难转型。经过努力，世纪之交哈萨克斯坦成为前苏联国家中第一个走出危机，并走上经济快速发展轨道的国家。哈萨克斯坦共和国也是独联体国家中第一个被美国和欧盟承认其市场经济地位的国家。

哈萨克斯坦是总统制共和国。总统是国家元首，决定国家对内对外政策基本方针，是在国际关系中代表哈萨克斯坦的最高国家官员，是体现人民与国家政权统一、宪法的不可动摇性、公民权利和自由的象征与保证。

哈国实行立法、司法、行政三权分立制度，三权通过相互作用、相互制约、相互平衡的原则行使职能。

根据宪法，哈萨克斯坦首任总统可不受次数限制参加总统竞选。总统可以任命总理、副总理以及外交、国防、财政、内务部长和国家安全委员会主席，但需经议会同意。

议会是国家最高代表机构，行使立法职能，推行两院制（上下两院分别称为参议院和马日利斯），上院任期 6 年，下院任期 5 年。议员由选民以直接投票的方式选举产生。

独立后，哈萨克斯坦非常重视发展教育、科技、文化（包括新闻出版和体育事业）。通过引入竞争机制，为建立各类私立学校，包括中、小学和高校开辟道路，从而改变计划经济时代国家包办的做法。提倡普及三语即国语（哈萨克语）、民族交际语（俄语）和英语，并计划逐步实施中小学和高校英语授课，特别是理工课程。据哈信息与通讯部的统计，截至 2016 年底，哈国内注册有 2973 家新闻媒体，16% 为国有媒体，84% 为私营媒体。[1]

去哈萨克斯坦，或者关注、研究该国政治、经济和文化等领域的人就会发现，哈萨克斯坦不仅领土横跨欧亚，而且有强烈的欧亚情结、欧亚思维、欧亚视野。

[1]《哈萨克斯坦媒体生态及其特征》，公众号《对外传播》2017-09-07。

早在 1994 年，哈萨克斯坦共和国总统努尔苏丹·纳扎尔巴耶夫就提出了建立欧亚经济联盟的倡议，虽然当时响应者寥寥，但进入 21 世纪后，这个倡议便由理念变成实际行动，逐步付诸实践。

1997 年，哈萨克斯坦共和国首都由阿拉木图迁至阿斯塔纳，在新首都阿斯塔纳建立了一所新大学，叫列夫·古米列夫欧亚大学，这所大学是哈萨克斯坦共和国顶尖大学之一。列夫·尼古拉耶维奇·古米列夫，苏联历史学家，民族学、人类学专家以及波斯语翻译。尽管苏联时期他的大多数著作被禁止出版，但在 1985—1991 年改革时期，他引起了公众的注意。1996 年哈萨克斯坦总统决定在阿斯塔纳成立以列夫·古米列夫命名的大学。[1]

哈萨克斯坦着力建设“中国西部——欧洲西部”的跨洲公路等交通设施，力求建成连接欧亚的交通枢纽，成为连接欧亚两大洲的桥梁。

[1]《哈萨克斯坦媒体生态及其特征》，公众号《对外传播》2017-09-07。

2013年9月，习近平主席在访问哈萨克斯坦期间，在纳扎尔巴耶夫大学演讲，首次提出了建设丝绸之路经济带的著名倡议，当即得到哈萨克斯坦共和国总统纳扎尔巴耶夫的支持。2014年，哈萨克斯坦共和国总统在国情咨文中提出“光明之路”新经济政策。该政策就体现出了上述欧亚思维和连接东西方的欧亚视野。

丝绸之路经济带的倡议与“光明之路”倡议具有高度的契合性，正因为如此，中哈两国近年在经济、贸易、文化、科技和产业合作等领域取得了很多具体的、实实在在的合作成果。

丝绸之路是横贯亚洲和欧洲的贸易通道，同时也是文化交流通道，体现欧亚视野、欧亚思维、欧亚情结。哈萨克斯坦的“光明之路”体现的也是一种欧亚思维、欧亚视野。

不难发现，这种欧亚视野、欧亚情结、欧亚思维和欧亚文化是一种开放思维、开放视野、开放文化，是积极且符合时代发展潮流的。

有人说哈萨克斯坦是中国又远又近的邻国。远，是指我们对这个近邻的历史、社会生活、政治经济、风土人情了解并不多；近，是指中哈是山水相连的友好国家，全面战略合作伙伴。

本书包括了哈萨克斯坦历史上有重要而特殊地位的7位人物。通过对这些人物的生平和事迹的介绍，读者对哈萨克斯坦的历史、文化等都会有所了解，有所认识。

本书中的阿里·法拉比是享有“继亚里士多德之后的第二位导师”美誉的伟大学者、彪炳千古的集大成者；还有哈萨克斯坦伟大诗人、思想家阿拜·库南拜耶夫；著名作家、剧作家、学者、哈萨克斯坦科学院院士穆赫塔尔·阿乌埃佐夫；哈萨克族的杰出首领阿布赉；军事家和政治家米尔扎·穆罕默德·杜拉特·古尔干；前苏共中央政治局委员、哈萨克共产党中央第一书记金姆哈梅塔·阿赫梅多维奇·库纳耶夫；哈萨克著名的巴图尔（英雄）哈班拜；民间圣哲、智者和史诗人物阔尔库特。

关于哈萨克斯坦的话题很多，譬如哈萨克斯坦被认为是最早驯化野马的地方，是苹果的起源地，是2017年湖南卫视《歌手》总决赛亚军迪玛希的故乡。

当然，本书未能把这些话题全部包括进去，但是，相信以后会有机会的，因为正如一位哈萨克斯坦学者所说——“最好的书是还没有写出来的书”。

夏里甫汗·阿布达里[1]

[1] 新疆人民出版总社原副总编辑，新疆社会科学院。

哈萨克民族的文化先祖

——阔尔库特阿塔

阿班·毛力提汗

哈萨克族，前新疆社会科学院哲学研究所所长，现为新疆社会科学院研究员，新疆哲学学会副会长，中国少数民族哲学及社会思想史学会常务理事。

阔尔库特阿塔（约公元7—8世纪），古代乌古斯—克普恰克联盟的著名思想家、哲学家、文学家和音乐家，出生于锡尔流域的乌古斯—克普恰克联盟，即今哈萨克斯坦克孜勒奥尔达州锡尔河下游的卡尔玛哈奇县。据历史文献记载，阔尔库特曾统治所有乌古斯地区，担任过宰相等职务。他是将突厥传统、习俗、信仰、民族区别及社会特征等通过童话故事带到今日的伟大艺术家。他的民间传说、历史记载以及遗作《阔尔库特阿塔书》，在哈萨克文学史乃至整个突厥文学史中有着崇高地位。《阔尔库特阿塔之书》是珍贵的文化遗产，是哈萨克族古代文学形成、发展的源泉之一。阔尔库特遗产被认为是人类历史上的一个重要标志。2018年11月29日，联合国教科文组织非物质文化遗产保护政府间委员会会议正式批准将"先祖阔尔库特"遗产列入联合国人类非物质文化遗产代表作名录。

01 民族音乐之父和诗歌之父

阔尔库特是一个集预言家、医师、萨满与巫师、音乐家、民间歌手为一身的史诗人物；他是萨满和民间歌手的保护者，是一个充满神奇色彩的人。据历史文献和民间传说以及民间系谱资料记载，阔尔库特大约生活在7—8世纪锡尔流域的乌古斯—克普恰克联盟，出生地在今哈萨克斯坦克孜勒奥尔达州锡尔河下游的卡尔玛哈奇县。阔尔库特母亲是克普恰克人，父亲则是乌古斯部落人。因此，他被这两个民族的人们敬仰和崇拜。他足智多谋、才华满腹，是智慧的化身。在哈萨克、阿塞拜疆、土库曼等民族中，有关他的很多神奇的故事至今在民间流传。阔尔库特本人是当地有名的英雄、学识渊博的作曲家，是民间有威望的传奇人物。他一生创作了大量音乐作品，还有影响很大、流传甚广的阿拜箴言录和格言等。有关他的传说在《先祖阔尔库特阿塔之书》的12篇史诗中可见。

据历史文献记载，阔尔库特曾统治所有乌古斯地区，还做过统辖阿勒泰、额尔齐斯以及七河地区的伊那勒、库伊尔肯、康勒霍加 3 位可汗的参谋，担任过宰相等职务，并制定了免受外敌侵略，合理利用土地、水源，解决民间纠纷的法律。他还整编军队为右、左翼军，整顿群众集会、庆宴、葬礼制度等。当他统治哈萨克族地区时，曾讲过很多富有哲理的论述。当地人有重要问题都向他请教，按照他的指示去做。在当时锡尔河流域，阔尔库特的声誉遐迩闻名，受到人们的尊敬。哈萨克斯坦国学者伊布拉耶夫在《阔尔库特与萨满教》、拉施德（1247—1317 年）的《史集》和阿布勒哈孜（1603—1664 年）的《突厥世系》都曾提及阔尔库特阿塔其人其事。

关于阔尔库特的诞生有各种各样的传说。在哈萨克人中间流传着有关阔尔库特同死神抗争的神话传说：为了寻找长生不死的方法，阔尔库特骑着亲自驯养的，连飞鸟都无法追赶的神奇骆驼"节勒玛仰"周游世界，但是无论他走到哪里，都无法摆脱死神的纠缠。无论走到哪里，他总是梦到有人为自己挖掘坟墓，这使他无法安心。他最终回到故乡，将自己的神奇地毯铺在锡尔河面上，然后坐在上面日夜不停地用火姆兹琴拉出心中的旋律，以此驱走死神。但他最终因疲惫至极，进入梦乡，死神便幻化成毒蛇游到河中心将他咬死。在哈萨克人之间，这一传说还有很多不同版本。阔尔库特的长寿和始祖身份、他睿智的预言家本领、神奇歌手的萨满特征等都反映出古老诗歌演唱者的综合特点，并与芬兰史诗《卡勒瓦拉》中的主要人物之一，麦子的第一位播种者、原始歌手、预言家和巫师万奈莫宁的形象极为相似。

还有一个传说：阔尔库特出生前，全世界被沉沉的黑暗笼罩了两昼夜，而且刮着大风，人们的生存面临巨大威胁，处于极度恐惧之中。这时候阔尔库特出生了。由于他是在如此可怕的非常时刻出生的，故被起名阔尔库特（使人恐惧之意）。

当阔尔库特即将诞生时，
天上乌云密布，
大地尘土飞扬。
人们惊恐万状，
阔尔库特出生后高兴得不得了。

这一传说反映了哈萨克族人民对哈萨克民族音乐之父、诗歌之父和智者阔尔库特的爱戴之情。

沙俄考古学家 Π · 列热合率领的探险队于 1858—1867 年间在今哈萨克斯坦国锡尔河流域的土尔克斯坦地区的乌古斯—克普恰克联盟古都英阿肯特遗址进行考古挖掘时，发现了阔尔库特阿塔之墓。墓地位于锡尔河河畔不远的一个山坡上，坟墓外形像哈萨克毡房。由于靠近河床，洪水经常威胁到墓地，因此墓地搬迁过几次。阔尔库特阿塔的陵墓一直到 1920 年还存在。哈萨克人一直将其敬奉为圣地，墓前点有长明灯，并设有专人看护。

02 先祖之书与哈民族的不解之缘

《先祖阔尔库特阿塔之书》是一部突厥语口头民间文学作品，是突厥语诸民族古代共同的文化遗产，是乌古斯和克普恰克等古突厥部落在前伊斯兰文化时代创造的口头文化遗产，它广泛流传于哈萨克、乌孜别克、塔塔尔、阿塞拜疆、土耳其、土库曼斯坦等突厥语民族中，是一部历史悠久的史诗故事集，大约可以追溯至700年前。它也是一部反映哈萨克族古代历史、古老传统、风俗习惯、诗歌传承的珍贵的历史遗产。书中描述了乌古斯—钦察联盟自建立、发展，直到因内部纷争导致衰亡的全过程，其中包含了大量谚语、诗歌与典故，语言风格严谨规范、辞藻精美，是一部文学色彩浓厚的鸿篇巨著。

《先祖阔尔库特阿塔之书》的出现和发展可以分5个阶段，包括3个达斯坦阶段和2个书面阶段。达斯坦阶段初期是指《先祖阔尔库特阿塔之书》形成之前的数百年时间，这一时期出现了一些古老程式和情节（如“独眼怪——巴萨特”母题）。7世纪为二期，歌手阔尔库特将耳闻的掌故、亲历的事件以及当代英雄的事迹通过文学创作制成“乌古斯传”。此时乌古斯传的数量不同于现存回数，现存故事有些可能是后来形成的。先祖阔尔库特预言，他创制的乌古斯传会被后代歌手所传唱。三期可以称作达斯坦“演唱阶段”。这一时期，歌手们奉阔尔库特为祖师，念诵、弹唱他的作品，追忆已经成为历史的“那个时代”，他们把阔尔库特视为乌古斯传的参与者、创制者和演唱者。

期间，达斯坦记录成书。“先祖书”阶段，即书面阶段，可以分作两期。初期为故事抄录阶段，在保持原貌的基础上披上了一层轻薄的伊斯兰外衣。歌手肯定尚未掌握音节音律，尚未发明固定音步划分和精准押韵规则。根据相关史料，阿拉伯旅行家伊斯哈里公元前 10 世纪前后，旅行到生活在锡尔河流域的乌古斯、克普恰克等突厥部落里时就听到了有关阔尔库特传说的故事，并将阔尔库特传说故事第一次传到外地。后来，该故事被整理成文字，在 11 世纪出现了最早的手抄本。至 12 世纪，《阔尔库特阿塔书》的雏形已经形成。此时记录的文本应属《先祖阔尔库特阿塔之书》古本，除已知的 12 回外还应有其他故事，隐现于冯 · 迪茨 的《谚语》和亚泽哲奥卢的“乌古斯传”，10 世纪的菲尔多西《列王记》、14 世纪的拉施特《史集》也可能引用了上述版本。此后的几百年里“先祖之书”几经变异，实难考证，但现存的其中两版——德雷斯顿本和梵蒂冈本——当属 15 至 16 世纪。达斯坦的其他人物、情节、程式散见于多种乌古斯传，最终由阿布里哈孜—巴特尔汗汇于《突厥世系》。读《突厥世系》可以发现，作者既熟悉拉施特的《史集》，也知道各种不同版本的乌古斯传以及其他一些今已失传的资料。巴特尔汗指出，这些乌古斯传数经辗转、口口相传，彼此多有抵牾。

《先祖阔尔库特阿塔之书》经历了一千多年的创制、完善、成书的过程，但其主要的精神内容和形式特点具有稳定性和延续性。

“维·巴尔托里德、阿·阿比德、戈·阿拉斯拉、奥·西·吉其阿依、穆·西依德夫等突厥学家通过对该诗‘先知健在前，巴亚特地区出现了一个男人，人们称他为祖爷阔尔库特，他就是乌古斯人的全知者’等诗句的考证及其他方面的研究，认为该诗形成于伊斯兰教诞生之前的5—7世纪左右。”[1]

《先祖阔尔库特阿塔之书》无人知晓多少次被人传抄，增删补充，原著并没有保存下来。目前在民间流传的版本不少，但是最有权威的版本有两种：德累斯顿本和梵蒂冈本。

---

[1] 黄中祥：《〈英雄史诗霍尔赫特祖爷书〉的部族特征》，载《民族文学研究》，2006年第3期。

一是收藏在德国德累斯顿图书馆的版本，此版本成书于15世纪末16世纪初。第一次发现此版本的是费莱舍，而对此版本首次进行研究，并把自己手抄的一本保存于柏林图书馆保存，从而引起学术界注意的学者是冯·迪芘。里法特于1916年以冯·迪芘手抄本为依据用阿拉伯文以近于誊抄的形式进行了刊布。1938年，戈克亚对里法特的版本进行了一些修订后转写成土耳其新文字（基于拉丁文的文字），从此进行了更进一步的研究。土耳其学者埃尔金（1925—1995年）对德本进行全面研究时，还参考了梵蒂冈本，并把自己的研究成果整理成两部专著出版。而埃尔金也进行了转写，是一部校勘本。但是，学术界一般认为对口头文学作品的校勘并不太恰当。学术界还认为，德本和梵本的差别较大，不存在正误之别，这两个版本应属于不同的抄本。而戈克亚的版本（1973年）也是一个重要的刊本，此本对很多词语进行了更合理更恰当的解读，只不过存在一些随意性。后来，不少学者对德本进行了全面深入的研究，这些研究对《先祖阔尔库特阿塔之书》多领域研究奠定了一定基础。

另一个版本是意大利学者伊特吐热·罗西（1894—1955

年）发现的梵蒂冈本（简称梵本）。梵蒂冈版于 1925 年在芬兰的赫尔辛基出版，并附有词语表。此版本收藏在罗马梵蒂冈图书馆，共 6 章，注为“关于喀山别克及其他人的乌古斯传说故事。”1950 年，罗西向学术界公布了他发现的版本。1980 年，土耳其伊斯坦布尔大学的穆哈热姆 · 艾尔肯再次刊布了该版本。

德累斯顿图书馆和罗马梵蒂冈图书馆所藏的两个珍藏本内容和故事情节大致相同，但两部藏书的语言和结构各具特色。德本是用克普恰克语写成的，是 15 世纪末 16 世纪初成书的一部突厥语口头文学作品，描绘了一幅色彩斑斓的古代突厥文化长卷，被称为“史诗”和有关突厥与民族历史文化的百科全书，历来被突厥语国家和民族奉为经典。这个版本前一个文本总共由 12 个史诗篇章和 1 个引子组成，而一个文本仅包括 6 个篇章，引子中主要介绍了先哲阔尔库特这一人物。另一本是梵本，是用乌古斯语写成的。各国突厥学家一致认为这两个手抄本分别写于 15 世纪末和 16 世纪初。

另外，俄罗斯学者维 · 巴尔托里德对德本进行了系统的研究，并在 1922 年完成了史诗的全译。维 · 巴尔托里德认为：

乌古斯把有关族长、民间歌手阔尔库特的传说从锡尔河两岸带到西方去。人们至今还能够指出锡尔河岸边的阔尔库特的墓地。同时，土库曼人至今仍然保存着有关阔尔库特的传说的文学作品。到中世纪，在安纳托利亚地方也有这一传说，它甚至还流传于奥斯曼时代。直到17世纪，阿塞拜疆的突厥人中仍然流传着这一传说。10世纪，在佩切涅克人中也发现有阔尔库特的名称。这一切使人认为有关阔尔库特的传说是乌古斯信奉伊斯兰教以前时代的文化遗产，并由他们带到了西方。

目前，在土耳其、英国、德国、俄罗斯及中亚几个国家出版了《阔尔库特阿塔书》的不同版本。1986年，哈萨克斯坦出版了译自俄文的哈萨克文版本。1988年，中国出版了由麦吉提·阿布扎尔译自土耳其文的哈萨克文版本；1987年，由民族出版社出版的《哈萨克叙事长诗选》（哈萨克文）第6卷中收录了新疆乌鲁木齐市麦吉提·安尼瓦尔搜集整理的名为《霍尔赫特》的版本。

关于史诗故事形成的年代，学术界有不同解读，较为普遍的观点是口头史诗至晚是在公元9—10世纪期间形成的，是哈萨克人信奉伊斯兰教以前的产物，反映的是哈萨克人在锡尔河流域的社会生活。史诗中出现的有关伊斯兰教的内容，可能是后来在不断传唱过程中补充进去的。

2000 年，联合国教科文组织举行了纪念《先祖阔尔库特阿塔之书》1300 周年的活动，突厥学界、联合国教科文组织及突厥语国家的相关组织都接受了这一时间推算。时任联合国教科文组织总干事松浦晃一郎在庆祝大会这样评价这部史诗："现在许多人认识到《先祖阔尔库特之书》的文学和历史价值。口头传统文化是世界的财富，也是不同时代、国家、人民和地区的珍贵的遗产。这不仅是个文学传统的问题，伟大的史诗像《伊利亚特》《摩河婆罗多》和《先祖阔尔库特之书》还呈现了历史、社会、政治、民族和地理方面的一系列的特定内容，通过这些内容强化了个人和群体的身份。通过书面形式，然后通过翻译和广泛的传播，它们成为全人类的遗产。"

《先祖阔尔库特阿塔之书》是一部综合性巨著。书中的 12 个故事反映了乌古斯 24 个部落之间和他们同异族之间的战争以及可汗们的狩猎、宴客、婚姻等生活，展示了金戈铁马、波澜壮阔的战争场面以及中亚草原景色，介绍了乌古斯人的传统习俗和社会风貌。通过阔尔库特的说唱，史诗呈现了乌古斯部英雄题材的格言（作为序言）和12种场面，也就是说12篇英雄叙事长诗。这12个故事分别是:《话说德尔谢汗之子布哈西汗的故事》;《话说撒拉尔·卡赞汗营帐遇劫的故事》;《话说巴依波尔之子巴木斯·巴依拉克的故事》;《话说卡赞别克之子奥拉孜身陷囹圄的故事》;《话说乌古斯部朵哈之子托莫尔勒的故事》;《话说乌古斯·康里霍加之子坎土尔·艾里的故事》;《话说乌古斯·哈孜勒克之子伊格涅克的故事》;《话说巴萨特斩杀独目巨人的故事》;《话说别吉勒之子艾莫列的故事》;《话说乌古斯·乌孙之子榭克莱克的故事》;《话说萨拉尔·卡赞为其子奥拉孜所救的故事》;《话说外乌古斯因征讨内乌古斯并暗杀巴依拉克的故事》。

这12篇故事叙述了在巴音德尔可汗带领下勇敢抗敌的乌古斯英雄们的12个场面。乌古斯各部团结一致、齐心协力，共同对敌的局面连续到了第11个场面。到了第12个场面，乌古斯外出回避卡赞劫掠营地的行动，并与卡赞反目，这样乌古斯各部内部发生了内讧，乌古斯的统一也就到此结束了。虽然故事的结局为内部分裂，但是乌古斯各部的英雄们与外来侵略者进行了坚决的斗争。与此同时，他们还与体现善与恶、生与死的神话人物进行搏斗。史诗宣扬了英雄们对土地和民族的自豪、对自由的热爱，以及顽强奋斗的精神，对安居乐业、和睦幸福的向往，誓死保卫族人的高尚品德。这一部分还阐述了外来强大的伊斯兰教同突厥诸部落固有的萨满教之间的矛盾、社会的动荡不安、各阶层之间错综复杂的社会关系以及英雄们的事迹等，塑造了众多形象各异的英雄人物。

哈萨克斯坦学者艾·弘吉剌剔巴耶夫在《先祖阔尔库特阿塔之书》的译文前言里，将其内容归纳为三部分：一是与巴木斯、布哈西汗、坎土尔·艾里、贴勒·托穆尔勒、巴萨特和伊格涅克等英雄有关的篇章，主要叙述了乌古斯—克普恰克缔结联盟的建立、发展，过程；二是与奥拉孜、额尔切克、谢克莱克和艾莫列等英雄有关的篇章，主要展示了土库曼斯坦与别什涅之间长达 34 年的对峙场面；三是与阿鲁孜、萨比特、托穆尔勒、布哈西等英雄有关的篇章，主要倾诉了乌古斯与克普恰克解除联盟的悲惨结局。[1]

史诗还提及康里、乌孙、铁勒、撒拉、别格勒、巴彦都尔、乌古斯、克普恰克等部落，这说明阔尔库特曾经在突厥部落中产生过相当的影响。

从维·巴尔托里德到以后的许多学者都认为“阔尔赫特曾经生活在7—8世纪，其父系属乌古斯部族中的喀依和克亚特氏族，其母系属克普恰克部族”[2]，其中主要依据就是英雄史诗《先祖阔尔库特阿塔之书》中所叙述的部族和地域名称。根据《阔尔库特阿塔书》所述，阔尔库特的父亲喀剌霍加是乌古斯旗下巴亚特部喀木氏族的一位显赫的毕官（古代哈萨克社会中担任统治者谋士的人，也是各自部落的大法官），而巴亚特部曾在乌古斯、克普恰克部中占有很重要的地位。阔尔库特去世以后的300年里，巴亚特部融入康里部，康里

[1] 艾·弘吉剌剔巴耶夫：《先祖阔尔库特阿塔之书》（哈萨克文），阿拉木图1986年版。参见黄中祥：《英雄史诗<霍尔赫特祖爷书>的部族特征》，民族文学研究，2006年，第3期。

[2] S.木合塔尔：《阔尔库特学的阶段》（哈萨克文），《火焰》1998年第9—10期。参见黄中祥：《英雄史诗<霍尔赫特祖爷书>的部族特征》，民族文学研究，2006年，第3期。

部与克普恰克部是金帐汗国后来的中坚力量，后来融入到哈萨克人的部族当中。《先祖阔尔库特阿塔之书》还阐述，乌古斯势力当时很强大，其活动区域是以扎肯特为中心，包括七河、塔拉斯、阿腊套山、喀孜库尔特山和锡尔河流域。这些区域正是史诗故事的发生地，也是乌古斯的主要活动地。而乌古斯部落“从锡尔河流域搬迁时，种地的一部分乌古斯人还是留在原地。甚至之后的蒙古统治时期也一直居住在那里。他们的克铁、克尔迪尔、阿代等部成为了哈萨克族的一部分”。[1]因此，从另一个角度我们有理由说，《先祖阔尔库特阿塔之书》是一部乌古斯部族的史诗，记录了当时乌古斯—克普恰克人民的生活方式、风俗习惯、宗教信仰、意识形态等等情况，珠玑满篇，仰俯可拾，是一幅色彩斑斓的古代突厥文化长卷。而《先祖阔尔库特阿塔之书》是在锡尔河流域、在日后组成哈萨克族的主要部落——克普恰克中诞生的。因此，《先祖阔尔库特阿塔之书》与哈萨克民族有不解之缘。

[1] 阿勒开·马尔胡兰：《原始的诗歌与传说》，1978年版，第189-190页。

03 史诗中蕴藏的民族习俗

《先祖阔尔库特阿塔之书》中的一个著名史诗《话说巴依波尔之子巴木斯·巴依拉克的故事》，讲述的是突厥语各部族信奉"青狼"或"青狼崇拜"时期的一部分历史故事和部族演变的过程。不少民间文学研究的权威人士认为，该史诗的故事情节与哈萨克民间史诗"阿勒帕米斯"非常相似。有的学者甚至认为"阿勒帕米斯"史诗的基础就是《先祖阔尔库特阿塔之书》前半部分的故事情节。在史诗中蕴藏着哈萨克族大量的民间习俗，比如嫁女礼仪、举行婚礼时的诗歌竞技、丧礼上的哭歌等。史诗中的几个韵文对白和哈萨克阿依特斯（哈萨克曲艺种类之一，是反映哈萨克人民社会生活的"一面镜子"和"百科全书"）中阿肯们（哈萨克对歌手的称谓）的口头交锋也是相似的。

1.巴塔（祝福词）

在《先祖阔尔库特之书》中的 12 个篇章都有祝词（巴

塔）。每一章诗歌故事结束时，阔尔库特会献上祝词。《先祖阔尔库特阿塔之书》中，乌古斯的别克们在巴塔中向天祈祷，向造物主祈求赐以孩子。在这里他们信奉的“造物主”与哈萨克神话中的“造物主”之间存在某种联系。

哈萨克族自古以来相信“巴塔”的神秘力量，哈萨克语中的“巴塔”意为“祷告、祈祷、祝福、祝愿”，是由原始宗教仪式衍变而成的一种哈萨克族古俗。哈萨克族的巴塔习俗源于自然崇拜、祖先崇拜和图腾崇拜，比如对“太阳”“月亮”“高山”“苍穹”等的崇拜。伴随着哈萨克民族的成长，巴塔的内容也在发生变化。巴塔不能简单地认为是祈祷祝福，根据祈祷事由可以分为祝福他人的巴塔、仪式礼仪上的巴塔和日常生活中的巴塔。“巴塔”是哈萨克族表达美好愿望和祝福的祝词，在哈萨克文化中具有颇高的地位，在哈萨克族的现实生活中依然十分普遍。

2.请名人给孩子取名

在《先祖阔尔库特阿塔之书》中，阔尔库特做巴塔，给巴姆瑟取名。按当时的习俗，孩子到 15 岁，“取敌人首级”

后才得到取名的权利。这个可能是由于当时无休止的残酷战争所产生的习俗。现代哈萨克族生活中依然存在着让睿智的老年人给孩子取名的传统，哈萨克人认为这样做是很荣幸或荣耀的事。但现在的孩子无需等到 15 岁或“取人首级”，一出生便可请名人或睿智的长者给取名。

3.挑选意中人

巴姆瑟·巴依拉克与巴努·榭榭克一见钟情，开始交往，最后许下诺言，男方送给女方戒指作为定情信物。这种传统是哈萨克人自古就有的习俗。男孩子一旦成年就开始骑上一匹骏马,穿上华丽的衣服外出择偶。这种传统也叫做“看姑娘”。

根据哈萨克族习俗，小伙子在挑选女孩子时，女孩子也同时挑选或考验对方的智慧。

4.派媒人说亲

《先祖阔尔库特阿塔之书》中乌古斯人互相商议后，请阔尔库特作为媒人去对方家中说亲。提亲是哈萨克族隆重的民俗习惯，这种习俗一直保留至今。媒人得是善言辞、备受尊敬的长者。研究该书的民俗习惯是研究现代哈萨克族民俗的重要途径。

5.彩礼

巴努 · 榭榭克的黑心哥哥要 1000 头雄骆驼，1000 匹公马，1000 只公羊作为妹妹的彩礼；还提出其他苛刻的要求。不过阔尔库特用智慧满足了对方。给女方彩礼这个民俗习惯对我国的哈萨克族来说也并不陌生，一直保留至今。

6.伴郎

诗歌故事中考尔人向乌套（新郎、新娘的新家）发起进攻时，奎耶吾卓力达斯（伴郎）奋起反抗、反复冲杀，最后壮烈牺牲。奎耶吾卓力达斯（伴郎）如今已成为哈萨克族的结婚习俗方式的一种。

7.丧葬习俗中《阔尔斯》（挽歌）

在《话说巴依波尔之子巴木斯 · 巴依拉克的故事》中，

巴依拉克被考尔人抓走，“巴依波尔的七个女儿带白色的头巾，穿黑色的衣服唱道：‘啊，我的梦想还没有实现的弟弟，哦依，包耳目’”。巴努·榭榭克也唱起哀悼的歌。“哦依，包耳目”这诗歌中的套语一直到现在还在被反复地吟唱。

《先祖阔尔库特之书》的另一篇诗歌《话说巴萨特斩杀独目巨人的故事》中也有“哦依，包耳目”这一套语的哀悼之歌。

在哈萨克族中，吟唱《阔尔斯》（挽歌）的一般都是已婚妇女。挽歌中由于死者的身份、经历不同，亲属与死者的关系不同，吟唱的歌词也各有不同。《阔尔斯》（挽歌）与《先祖阔尔库特之书》中的一些内容基本相似。

哈萨克人在丧葬习俗中的古老风俗由来已久。民间的葬礼实际上是古老的萨满教习俗和伊斯兰教教规融合的产物。丧葬仪式主要有两部分：报丧词（即：叶斯特尔图）和悼念歌（即：焦克陶）。哈萨克族和其他突厥民族一样，大都在喀喇汗（黑汗王朝）时期皈依了伊斯兰教，但《阔尔斯》（挽歌）并非伊斯兰教的产物，而与民间各类习俗民歌、婚礼组歌等一样是哈萨克人传统文化的组成部分。

8.阿依特斯（哈萨克曲艺种类之一）

《先祖阔尔库特阿塔之书》的《话说巴依波尔之子巴木斯·巴依拉克的故事》及其他诗歌中都提到了阿依特斯。巴依拉克与商人通过阿依特斯沟通，得知了自己故乡的情况；到了故乡也通过阿依特斯与嫂子、巴努·榭榭克沟通。在《先祖阔尔库特阿塔之书》里还有不少举办各种庆贺典礼时，按照旧习俗弹奏库布孜唱赞歌的故事情节。无论是对日常生活的表述，还是对人物性格的介绍，以及对人物的塑造等方面，大量地运用了设问或盘问等对话形式，韵文体的人物对白与今天的哈萨克阿肯口头交锋、对峙是非常相似的。如《话说德尔谢汗之子布哈西汗的故事》运用了阿肯阿依特斯竞技的方式进行对唱。哈萨克阿依特斯最古老的唱本在《话说巴依波尔之子巴木斯·巴依拉克的故事》中的韵文对白和独白中都能体现。可以说，哈萨克族的阿依特斯艺术就是在这样的民间娱乐中产生的。

《先祖阔尔库特阿塔之书》是中世纪最有影响力的历史文献之一。从《先祖阔尔库特阿塔之书》的韵文中可以寻觅到很多珍贵的阿依特斯早期文本材料，为我们研究哈萨克阿依特斯文化提供了很多宝贵的史料，对研究现代哈萨克阿依特斯具有一定学术价值。

9.乌赞

乌赞是等同于阿肯、吉绕、巴克思的称谓。他们是哈萨克族民间文学的创造者和继承者。本书的许多地方也出现了乌赞、吉绕等名词。

10.报喜要奖赏礼

如《话说巴依波尔之子巴木斯·巴依拉克的故事》中“卡赞别克，你的孩子回来了，给我奖赏吧”，又如“婚礼上的女人们也知道巴依拉克来了，她们都去向别克报喜要奖赏”。现代哈萨克族生活中的恰秀礼（遇到喜事时，撒奶疙瘩、方块糖、包尔沙克等）在书中的不少地方同样可以见到。

11.分享猎物

在《话说巴依波尔之子巴木斯·巴依拉克的故事》中，巴依拉克在巴努·榭榭克的房子附近猎获了一头狍子，巴努·榭榭克让自己的嫂子按礼俗向他要求分享猎物。巴依拉克给了来人全部的收获。分享猎物这样的习俗是在狩猎这种特定的生产生活方式中产生的，所以哈萨克族民间有“猎人的收获是共享的”的谚语。

《先祖阔尔库特阿塔之书》诗歌故事中留存着大量有关哈萨克民俗的例证，呈现了哈萨克民族所走过的历史进程，对研究哈萨克族古代民俗文化具有不可忽视的作用，是研究哈萨克族现代文学现象与文化的基础性史料之一，也是哈萨克民族优秀传统文化的重要组成部分。

《先祖阔尔库特阿塔之书》中的传统习俗、道德观念、宗教仪轨、口头传承包罗万象，是反映突厥语系的诸多部族历史、生活、习俗、礼仪的富有哲理的文献之一。这些文献资料也是研究哈萨克族历史、文学、哲学、风俗习惯以及宗教学、语言学、伦理学的宝贵财富。

《先祖阔尔库特阿塔之书》的序言说，阔尔库特阿塔有超人的雄辩术（切仙），包括对真主、先知、祖先以及英明君主的赞颂，对命运、生与死、父与子、勇士与国家、伦理、社会、习俗有关的富有哲理性的思考以及有关好女人和坏女人的论述等，包含着丰富的哲学观点。例如：“土地之情人民知，民众之情英雄晓”，“女儿看母亲的样儿长大，儿子看父亲的模样做人”，“父亲教养成人的，打磨箭链；母亲教养成人的，裁剪衣服”，“人死不会复生，灵魂不会复还”，“努力积累的财富再多，命运安排的部分才真正属于你”，“儿子是父亲眼里的勇士，是左膀右臂”，“懦夫不会骑战马，最好别让他骑”，“不用战刀，难复仇”，“旧敌难成好友”……

《先祖阔尔库特阿塔之书》的格言和丰富的辩证思想闪耀着智慧的光芒。例如“驴头套上了马嚼子也成不了骏马”，“鹅毛大雪不会留到夏天”，“坐骑疲乏就不可能到达目的地”，“不挥舞刀剑便不能打掉敌人的嚣张气焰”，“好汉舍不得牲畜财宝便不能远近闻名”，“与其长出马不吃的苦草，不如什么也不长”……这些格言包含的辩证思想对人们的生活和行为有很好的引导作用。

《先祖阔尔库特阿塔之书》也有伦理和美学方面的内容。阔尔库特阿塔通过格言，宣扬和教育人们要成为有道德、有礼貌，外表和心灵一样美的人。例如：“有礼貌的妇人是美的”，“在大毡房旁边的儿媳的小毡房是美的”，“白胡子老人是美的”，“懂事的孩子是美的”……阔尔库特阿塔对什么是美这一问题，从事物的内容与形式的统一这一角度给予了正确的回答。作品中还运用了大量的箴言、熟语、名言、警句：

为人子女不会爱怜父母，

人心不知世事难料，

现世不抱又何待明朝？

又如：

覆水难收。

陈棉难纺线，宿敌不为友。

骄傲的人难获福祉。

知子莫过父，知女莫过母。

土地之情人民知，民众之情英雄晓。

骏马坠井蛤蟆欺。

驴头套上马嚼子也成不了骏马。

在《先祖阔尔库特阿塔之书》中，阔尔库特阿塔并不是以主角身份出现的，但作为事件的见证人，他总是出现在面临重大决策、需要重要评判之时或重大庆贺场面，如一根银线巧妙地将12篇各自独立成篇的诗作串联成一个有机整体。

《先祖阔尔库特阿塔之书》中所使用的叙事方式、表现手法与哈萨克民间英雄史诗有很多相似之处，书中所表述的历史事件、主要人物、故事情节，大都可以在哈萨克民间英雄史诗、爱情长诗、民间故事、民间传说中找到。而书中的很多宗教意识、风俗习惯、文化传统、价值观念、道德规范、审美情趣在当今哈萨克人民生活当中仍有一定程度地保留。

总之,《先祖阔尔库特阿塔之书》1000年的创制、表演、完善、成书、流变的过程虽然受到了不同时代的影响，但其精神内容、形式特点始终保持着稳定性和延续性。阔尔库特是将突厥传统、习俗、信仰、民族区别及社会特征等通过故事带到今日的伟大艺术家。因此，民间流传着这一句话"音乐之父—阔尔库特"。阔尔库特遗产被认为是人类历史上一个重要的文化标志。

参考文献：

[1]乌鲁木齐拜·杰特拜.阔尔库特阿塔及其《阔尔库特阿塔书》[J].伊犁师范学院学报，2006(2).

[2]阿希尔别克·阔佩什，谷利展·穆扎法尔欧娃.阔尔库特阿塔研究专集[C].阿拉木图：哈萨克斯坦国百科全书出版社，1999.

[3]阔尔库特阿塔.阔尔库特阿塔书[M].乌鲁木齐：新疆青少年出版社，1988.

[4]满都呼.中国阿尔泰语系诸民族神话故事[M].北京：民族出版社，1997.

[5]毕桪.哈萨克民间文学概论[M].北京：民族出版社，2004.

[6]赛依勒别克·伊萨耶夫.哈萨克语言文学史[M].阿拉木图：母语出版社，1996.

“伊斯兰东方最伟大的哲学家”
——阿里·法拉比

阿班·毛力提汗

哈萨克族，前新疆社会科学院哲学研究所所长，现为新疆社会科学院研究员，新疆哲学学会副会长，中国少数民族哲学及社会思想史学会常务理事。

艾布·纳斯尔·穆罕默德·伊本·达尔汗·伊本·乌兹拉克·阿里·法拉比（870—950年），中世纪东方伊斯兰世界伟大的哲学家、杰出的医学家、数学家和音乐理论家，伊斯兰哲学的主要代表之一。他出生在今南哈萨克斯坦的奥特拉尔城一个说突厥语的家庭。在这里，他从小接受了良好的正规教育，系统学习语法、音乐、数学、物理、天文等，为他以后成为著名学者、文学家和音乐家打下基础。阿里·法拉比被誉为哲学的“第二导师”（阿拉伯人认为亚里士多德为“第一导师”）、建立了完整哲学体系的真正的伟大哲学家，在他之后的阿拉伯哲学家几乎都受到了他的哲学思想影响，因此，阿里·法拉比被推崇为穆斯林哲圣，他在世界文化发展史上占有非常重要的地位。

01 哈萨克族人的骄傲

关于阿里·法拉比的出生时间，学术界一般都认为是约公元870年（伊斯兰教历259年）。有研究证明，阿里·法拉比是哈萨克草原的突厥语族人。“据史料看，阿里·法拉比出生于奥特拉尔市（说得更清楚些，是奥特拉尔的瓦西吉村）一个属于克普恰克部落的突厥人家”[1]。克普恰克是形成哈萨克人的重要部落。哈萨克斯坦的学者阿·玛夏诺夫认为，“艾布·奈绥尔·法剌比（即阿里·法拉比）于870年诞生于锡尔河的支流阿雷斯河下游的法剌卜地区（现属哈萨克斯坦的南哈萨克斯坦州）。”[2]中国学者王家瑛也认为，“阿里·法拉比……9世纪出生于维西志城堡。维西志城堡位于奥特拉尔绿洲（现今哈萨克斯坦共和国南哈州境内）。后被阿拉伯占领并更名为法拉布区。奥特拉尔绿洲是哈萨克斯坦人最早定居的地方，也是最古老的农业和城市文明中心，它位于各种地形的交汇处，曾是驼队作为交通工具时代最重要的交通枢纽和手工业贸易、文化中心。正

[1] 阿·玛夏诺夫：《艾卜·纳斯尔·法拉比》（《中亚和哈萨克斯坦的伟大学者们》），1965年，俄文版，第25页。

[2] 王家瑛：《伊斯兰文化哲学史》，宗教文化出版社，2007年，第121页。

是这样一片土地孕育了阿里·法拉比。"[1]有学者认为，"阿里·法拉比是公元9—10世纪葛逻禄汗国时期的哈萨克文化和阿拉伯伊斯兰文化的杰出哲学家、文学家、音乐家、学者。"[2]还有学者认为，阿里·法拉比其父亲穆罕默德·伊本一达尔汗是属康居一钦察部落。康居（康里）是组成哈萨克民族的主要部落之一，而钦察是哈萨克民族来源之一。

这些都说明各国学者肯定并且证明了阿里·法拉比的出生地是奥特拉尔城。阿里·法拉比的"父亲是一个小军官，是属于哈萨克族的克普恰克部或葛逻禄人，全家都说突厥语言……因此阿里·法拉比的出生地在锡尔河北的哈萨克草原，法拉比城又一向是哈萨克族的活动中心地，把法拉比的族属归于哈萨克族是比较符合于史实的。尽管法拉比弱冠以后长期生活于巴格达、大马士革等阿拉伯文化中心地，并用阿拉伯文写了大量著作，但也不能把他说成阿拉伯族。

[1]［哈］噶·木·木塔诺夫：《阿里·法拉比思想与现代社会》，李发元等译，中国社会科学出版社2015年版，第8页。

[2]苏北海：《哈萨克族文化史》，新疆大学出版社1989年版，第205页。

所以阿里·法拉比在阿拉伯伊斯兰文化上的杰出成就，丝毫无法改变他是哈萨克族的本来面貌。"[1]

从8—10世纪开始，阿拉伯文化快速传播，阿拉伯语成为主要的交际语言。所以，"艾卜·奈斯尔·阿里·法拉比"意思是"从法拉卜城来的人"，有时直接叫他"达尔汗尼",法拉比是他的笔名。奥特拉尔城风景秀丽,是当时商业、政治文化中心和交通要塞。在这里，阿里·法拉比度过了美好的童年时光，开始学习突厥语，接受正规的教育，系统学习语法、音乐、数学、物理、天文等。这里是他成为伟大思想家、诗人、音乐家的起点。

史书中关于阿里·法拉比青年时期的活动情况记载特别少。据相关史料记载，阿里·法拉比30岁时，为了深造来到巴格达。巴格达当时已成为世界科学文化的中心之一，他在那里学会了阿拉伯语，也遇见了许多著名学者，如来自今哈萨克斯坦一带的穆罕默德·艾力·花剌子米（花剌子

[1] 苏北海：《哈萨克族文化史》，新疆大学出版社1989年版，第206页。

米人）、艾合买德·法尔哈尼（奥特拉尔城附近法拉卜人）、艾合买德·买热瓦孜依（买热人）等。阿里·法拉比与这些学者们互相交流，互为老师，先向伊斯兰学者学习经训、教义，后受教于基督教哲学家约翰纳·伊本·海兰，学习希腊哲学、逻辑学和自然科学，并从事著述和教学工作。

阿里·法拉比在巴格达居住了约10年，主要致力于哲学研究，并在这里形成了自己的哲学体系和观点。

阿里·法拉比一生足迹遍及伊拉克、伊朗、埃及、耶路撒冷等国家和地区。公元945年，他来到萨木（叙利亚），备受国王阿米尔·沙依甫·艾力道兰器重，并享有丰厚的俸禄。"10世纪中叶，统治于叙利亚的阿拉甫和阿拉甫一带的国王沙依甫·艾力道兰（918—967年）宫里来了一个脚穿金边尖头靴、留着短胡子，矮个子、大眼睛，面貌像土库曼人一样的人。他就是精通哲学、逻辑学、音乐、教育学的著名诗人，具有博学才识的掌握多种语言的艾卜·奈斯尔·法拉比。"[1]公元941年，因政治骚动，阿里·法拉比

［1］阿合江·马夏诺夫：《艾卜·奈斯尔·法拉比与阿拜》，哈萨克斯坦出版社，1994年。

离开巴格达来到大马士革，后又到阿勒颇，成为哈马丹国王伊夫·道莱（944—967 年在位）的近臣，直至公元 950 年以 80 岁高龄谢世。对阿里·法拉比的不幸去世，国王非常悲伤，亲自举行葬礼。阿里·法拉比被埋葬在马维亚公墓（大马士革城附近）。

02 中亚文化史上的思想巨人

阿里·法拉比勤奋好学，知识丰富，除通晓伊斯兰教义学、哲学、逻辑学、伦理学外，还对医学、数学、物理学、化学、音乐乐理和神学等学科都有较深的研究。法拉比一生著作很多，约有 200 余种，涉猎很广，但令人遗憾的是大部分著作已失传，后人能够看到的只是很少一部分（据说只有 30 篇左右）。阿里·法拉比晚年对亚里士多德的《形而上学》与《工具论》作了全面注释，成为“百科全书式”的学者，被誉为继亚里士多德后的“第二导师”“伊斯兰东方最伟大的哲学权威”。他留下了很多极其珍贵的思想财富，是中亚文化史上的思想巨人，并在世界文化史上占有很重要的地位。

阿里·法拉比的著作涵盖语言学、逻辑学、伦理学、美学、社会学、政治学、数学、天文学、医学、物理、化学和宗教神学等学科，他还为柏拉图和亚里士多德的著作注释。阿里·法拉比在上述领域都有著述，其中比较有名的是《美德城邦居民意见书》。另外还有社会哲学方面的著作：《幸福之路》《市民政治》《执政者箴言》《幸福的获得》《科学的划分》《卓越智慧的萌芽》《柏拉图哲学》《托勒密〈天文学大成〉注解》及《亚里士多德哲学中的解析篇》《柏拉图（法篇）注释》等。他还为阿拉伯世界音乐理论奠定了基础，撰写的《音乐大全》至今还在流传。除此之外，他还撰写了《诗歌艺术规范轮》《诗歌艺术》，整理编著了《化学的必要性》《论自然物的热、寒、湿、干性》《论器官的功能》《论神经学》等十几部有关医学的专著，极大丰富和发展了伊斯兰世界医学基础理论。这些书籍如今保存在伊拉克、伊朗、德国、英国、俄罗斯和中亚一些国家的图书馆内。

阿里·法拉比不仅精通突厥语、土耳其语，还精通波斯语、库尔德语、希腊语和阿拉伯语。他推崇希腊哲学，特别是亚里士多德的哲学，毕生致力于将希腊哲学阿拉伯化或将阿拉伯哲学希腊化。他被视为第一位“伊斯兰的亚里士多德主义者”。他在阿拉伯世界的地位非常显赫，有“第二导师”的称号，这意味着在阿拉伯人的心目中他的地位仅次于亚里士多德。阿里·法拉比对亚里士多德哲学的注释和阐释带有新柏拉图主义的理论倾向，他不仅对柏拉图的政治哲学情有独钟，而且在形而上学领域也旨在按照新柏拉图主义精神解释亚里士多德。阿里·法拉比之主张世界从第一存在流出的“流出哲学”明显具有新柏拉图主义的印记。2002 年,马吉德·法赫里列举了已经整理出版的阿里·法拉比著述共计 28 种 。

中世纪，阿里·法拉比在东方世界享有很高的声誉，当时就有不少犹太学者研究他的哲学思想和观点，还把阿里·法拉比的著作译成希伯来文和拉丁文,抄写成书。如今，在欧洲不少国家图书馆都收藏有阿里·法拉比的哲学著作和论文的手抄本。19 世纪，他的许多哲学著作被译成多种语言出版。

古希腊哲学作为阿拉伯哲学的源头，影响是巨大的。可以说，阿拉伯哲学吸收了古希腊哲学思想，是在古希腊哲学的基础上建立起来的。反过来，阿拉伯哲学对西方哲学也有着相当重要的作用，是西方哲学不可缺少的环节。阿拉伯哲学在东方哲学、中世纪哲学与西方哲学中起着“桥梁”作用，同时在西方哲学的发展中有着很重要的地位。

在阿拉伯哲学史上，肯迪是第一个把希腊哲学思想引入到了阿拉伯世界的哲学家。阿里·法拉比奠定了阿拉伯哲学的基础，构筑了阿拉伯哲学的大厦，从而巩固了哲学在阿拉伯世界的地位。阿里·法拉比的主要学术观点主要包括以下几个方面。

第一，阿里·法拉比对亚里士多德经学史的贡献。从阿里·法拉比的著作来看，大部分著作都与亚里士多德相关，甚至就是对后者著作的评注，只有极少量的作品与柏拉图有关联，其余著作则更具有“原创”色彩，看不出他们的直接师承。阿里·法拉比作为亚里士多德思想的注疏者，并且在自己的“原创”作品中大量使用亚里士多德主义的术语。

在注释中他充分表达了自己的思想和观点，不仅大大丰富了原来著作的内容，而且也形成了自己的学说和思想体系。据说，在阿里·法拉比之后被译成欧洲语言的亚里士多德著作，就是根据阿里·法拉比的选择而整理出来的。

阿里·法拉比通过注释不仅把亚里士多德的著作收集起来，而且加以整理编纂，使其得以较完整地保存下来，其大体的编目次序在以后也没有多大改变。这些著作和注释对后来的阿拉伯伊斯兰哲学家也有很大的影响。阿里·法拉比的著作主要是来修正“第一导师”亚里士多德对神圣的柏拉图的错误，以扭转长期以来人们通过亚里士多德的观点来错误看待柏拉图哲学的局面。

阿里·法拉比在柏拉图经学史上是一个极为重要的人物，由于缺少伊斯兰哲学，尤其是阿里·法拉比哲学这一环节，使得我们对柏拉图的认识主要依托此前的柏拉图主义和新柏拉图主义。阿里·法拉比思想最根本的来源是柏拉图本人，从阿里·法拉比遍解柏拉图著作，并据此写成的《柏拉图的哲学》来看，他对柏拉图的绝大部分著作都十分熟悉。法拉比对伊斯兰新柏拉图主义进行了系统阐释。他不仅是伊斯兰政治哲学的创立者，更是柏拉图经学史的传人，因为他的政治哲学不是从形而上学理论中推导出来的，而是从历史经验、现实问题以及柏拉图传统中得来的。

第二，阿里·法拉比是第一个重要的阿拉伯逻辑思想家，是伊斯兰学术传统当中的逻辑学之父。他通过同语法的对比来定义逻辑学。用语法处理特殊语言中的语词，并且纠正使用语词中的错误，并发表了一套和亚里士多德的《前分析篇》相关的模态逻辑的外延理论。阿里·法拉比发明了一套技术化的阿拉伯逻辑语言，它在句法上同希腊语平行对应，因此可以毫无困难地追随亚里士多德的逻辑句法。阿里·法拉比不仅重建了亚里士多德逻辑学的科学权威，而且使逻辑学脱离形而上学，成为一门独立的学科。他是一位始终致力于非神秘化的哲学家，对因果模式进行了历史推断，以此来解释文化环境和信念是如何成为现在的样子的。阿里·法拉比探讨了思维规律问题，提出了语言与思维、语法与逻辑的紧密关系，从而对逻辑学做出了开创性的贡献。

第三，阿里·法拉比是伊斯兰政治哲学的创建者。他在《美德城邦居民意见书》《幸福之路》《市民政治》《执政者箴言》《论寻求幸福》等著作中，把自己的哲学思想与政治思想紧密地结合在一起，确立了独特的实践哲学。他的实践哲学包括以幸福为中心的道德哲学和美德社会的政治哲学等领域。阿里·法拉比的实践哲学思想对于分析各种社会类型及其追求目的，对于观察人们实践生活和精神生活等方面具有一定理论意义。

阿里·法拉比开创了一个名为“法拉比主义”的学派，其门下弟子和再传弟子对古希腊哲学的翻译以及对伊斯兰哲学的推动都起到了相当重要的作用。“我们不妨这样说，伊斯兰哲学的基础是由阿里·法拉比在伊斯兰历（希吉拉历）世纪奠定的，在其后的世纪及至更后的若干个世纪里，出现的只是解释、全注和评论”[1]，以后的伊斯兰哲学家，没有谁不受阿里·法拉比学说的影响。

阿里·法拉比生活在伊斯兰文明大规模“改革开放”的时期。他开创了伊斯兰哲学，并像希腊世界的苏格拉底和柏拉图一样，为伊斯兰世界建立起独特而融通的政治哲学。

[1]［埃］艾哈迈德·爱敏：《阿拉伯－伊斯兰文化史》（第6册），赵军利译，北京：商务印书馆1999年版，第122－123页。

阿里·法拉比的最重要著作有《论亚里士多德的〈形而上学〉》《柏拉图与亚里士多德两哲人观点的综合分析》《美德城邦居民意见书》。

03 穆斯林思想家和哲学家

在《关于理智的信》中，阿里·法拉比依据亚里士多德《论灵魂》的观点，集中阐述了他的理智学说。在阿里·法拉比看来，我们可以对亚里士多德《论灵魂》中的理智的"意义"做出4种区分：潜在理智、现实理智、获得理智、能动理智。按照阿里·法拉比的说法，潜在理智既可以意指某个灵魂，也可以意指灵魂的一个部分，既可以意指灵魂的一种官能，也可以意指某种别的东西。这种东西的本质在于它随时可能也随时准备从一切现存事物中抽象出各种实质，从这些事物的质料中抽象出它们的形式。因此，潜在理智所意指的实际上是人的灵魂或人的灵魂的抽象能力。现实理智与潜在理智并非两种理智，而是人类理智两种不同的存在状态。当我们的理智中尚没有现存事物的实质或可理解的形式时，便是潜在理智，一旦现存事物的实质以可理解的形式到达或存在于理智之中，就变成了现实理智。获得理智，无非是获得现实理智的内容而已。而现实理智的内容，即是现存事物的实质或可理解的形式。也正是在这个意义上，阿里·法拉比强调说，现实思想、现实理智和现实可理解的东西是一个意思，人的认识归根到底便是一个由潜在理智转化为现实理智的过程。那么，人的认识究竟凭什么才能完成这样的提升和转化呢？阿里·法拉比的答案是：靠能动理智。阿里·法拉比在谈到现实理智与潜在理智的关系时，曾作了个比喻：我们的眼睛具有视觉能力，但在黑暗中却看不见任何东西。在黑暗中，我们的眼睛便只有潜在视觉。有了阳光，眼睛就能够看见附近的东西。在这种情况下便可以说，眼睛具有了现实视觉。因此，太阳或阳光即是眼睛从潜在视觉到现实视觉的提升和转化的根本原因。阿里·法拉比强调说：“现实理智同潜在理智的关系，一如太阳对处于黑暗状态中作为潜在视觉的眼睛的关系。”

在阿里·法拉比看来，能动理智本身“独立于任何质料而存在”，因而始终处于“终极的圆满状态”。能动理智作为一种外在的永恒的精神实体，一方面赋予质料以形式，另一方面又赋予潜在理智以活动力量，从而形成两者的对应关系，产生出获得理智。阿里·法拉比援引亚里士多德《论产生和消灭》的观点强调：天体是活动物体的第一动因，它们为能动理智提供活动的质料和基体。天体运动的推动者，既不可能是一种物体，也不可能是物体中的一种力量，而只能是天体存在并借以成为实体的原因，一种在存在方面更完满的东西。在存在方面比诸天体更圆满的是第一重天，比第一重天更为完满的是第一重天的推动者。而第一重天的推动者“不是质料也不存在于质料之中”，“从实体方面看，它就是理智，它只思想它自身或它的本质，而它的本质不是别的，正是它存在的原则”。因而，它也就是“一切本原的本原和一切现存事物的第一本原”。阿里·法拉比断言，这里所谓第一重天的推动者正是亚里士多德在《形而上学》中以字母 Lam 标明的那卷（第十二卷）里所提到的理智。阿里·法拉比将这样一种能动理智称作“一”，宣布：

尽管存在有许多种理智，但是这个“一”是第一理智，是最初存在的，第一个“一”和第一真理。而所有其他形式的理智则是依序由它生成的理智。阿里·法拉比所说的“一”或“第一个‘一’”与新柏拉图主义者普罗提诺“流溢说”中所说的“太一”是极其相似的。

理智问题，特别是能动理智问题，是亚里士多德灵魂学说中的一项重大问题。能动理智究竟存在于“灵魂之中”还是存在于“灵魂之外”是亚里士多德留给后人的一个重大哲学难题。阿里·法拉比的理智学说不仅更加系统、更有本体论意蕴，而且由于其将能动理智置放进了亚里士多德的天体体系予以讨论，从而又获得了一种宇宙论意蕴和神学意蕴。

在本体论领域，阿里·法拉比对亚里士多德“实体”概念中“存在”与“本质”的意义作出区分。他强调在存在着的事物中，本质和存在是不同的。本质不是存在，也不包含在它的含义之中。他举例说，人的本质并不包含他的存在。即使我们认识到了一个人的本质，我们也不能由此断定他是否现实地存在。另一方面，存在也不包含在事物的本质之中，否则存在就是构成事物的性质，对事物本质的认识若无对它存在的认识就是不完全的了。我们可以根据人的定义而知道一个人的肉身性和动物性，但是我们不能因此而判定他究竟是否存在。我们要判定这个人是否存在，就必须对他"有直接的感官知觉，或有间接的知觉作为证据"。阿里·法拉比的结论是：存在不是一个构成性质，它只是附属的偶性。将存在与本质区别开来，强调存在只不过是实体的一种"附属偶性"或"偶然属性"，这就为他的真主创世说留下了空间。也正是在这个意义上，阿里·法拉比将存在区分为两种，即偶然存在和必然存在，并且将后者称作"第一存在"。他认为万物分两种：其一，对于两种存在形式的关系，法拉比认为偶然的存在是由必然的存在流溢而出的，而且这一过程仅仅是一种精神行为。他把真主与除真主之外的其他存在物区别开来，把其他存在物作为一种偶性，都归为偶然的存在，而他们存在的原因，即真主（必然的存在）。万物是由真主"流溢"而出的。所以，万物的存在原因最终一定能追回到必然的存在。其二，必然的存在是由自身决定的，是唯一的存在，是万物存在之源，是万物存在的第一因，而它自身的存在无需原因。它的存在超越一切，不是它物，也无任何种与属之别。它至善至美，具有纯粹的理性。必然的存在是经过10个层次活动过程流溢而产生万物的。即真主→第一精神（真主的形象）→第二精神（最高天体和灵魂）……第十精神（产生地球和水、火、风、土四大元素），从而产生世界万物。第十精神也称原始精神，它是天地间的中介，人类和万物直接受其影响和推动。

阿里·法拉比又将存在分为三种形式：一是存在在造物主内；二是存在在精神世界中；三是存在在具体事务中。而世界上的一切存在物分为两大类：必然存在和可能存在。

阿里·法拉比认为，政治哲学无论就其广义、狭义还是就其特殊意义而言，都与理论科学和实践科学相关。他在《幸福之路》中认为，艺术的目的是获得美，美也叫哲学，从其绝对意义来说，也称作智慧。以此推理，美有两种样式：知识与行为。所以，哲学的艺术也分两种：理论哲学与实践哲学。前者是关于存在客体的知识，不涉及人的行为。后者是关于人的行为的知识，其目的是获得幸福。与市民哲学或实践哲学相应的是伦理学和政治哲学。伦理学以认知善行与善为基础，依靠善行与善，我们才能具有美的属性。政治哲学是掌握规章条例的知识，借此市民才可以达到美，以及获得或保存这种美的能力。伦理学局限于思考个人的道德，而政治哲学一般探讨幸福、思考社会群体和城市居民的福利。

在阿里·法拉比看来，政治的目的是获得幸福。道德品德、宗教价值、法律准则等所有这一切只有从政治功能的角度看待才可以理解，才具有意义。这种从属关系说明，道德的、宗教的、法律规范的生活并非是某种独立存在的、孤立的事物，因为道德善行、文化教养、宗教生活都不是个人或国家的最终目的。

至于精神美德与伦理美德两者之间应该是怎样一种关系，阿里·法拉比认为，美德是获得幸福必不可少的品质。最高幸福，就是最高完善。为此需要具有精神美德、精神完善乃至有关理论科学与哲学真理的知识，或者说，只有在极大程度上是理智而不是情欲指导下的人的精神才能获得幸福。政治学恰好就是藉以达到完善的一门科学。阿里·法拉比基于对政治学目的与对象的理解，提出了“美德之城”理论，这一理论的思想基础是宗教与哲学的和谐。

依据阿里·法拉比的政治学说，首先获得最高福祉与最高完善的是城市，而不是处于低级发展阶段的社会，因为人类群体在政治上联合的必要性越来越明显。正如阿里·法拉比在《论寻找幸福》中所说，每一个人为获得能达到的完善需要有周围的人群，需要同他们联合在一起……寻求庇护者和生活在其同类生物代表当中，乃是这一生物的自然本性。所以，这一生物称为人或者叫作城市动物。不过，城市是实现完善和获得幸福的先决条件和必要环境。对于每个“美德之城”或“完善之城”的居民来说，应具有 4 种美德：理论美德、思维美德、伦理美德、实践美德。理论美德同数学、物理学、形而上学有关系，与旨在认知存在物的理论哲学有联系，而其余美德与植根于理论科学的实践科学有关系。

但是，阿里·法拉比虽然提出，人们获得幸福需要有理论科学与实践科学的知识，却又认为大多数人由于自然本性或天资禀赋所限没有能力理解或思辨概念，没有能力掌握理论科学。对这些大多数人，阿里·法拉比称之为“公众”。相反，那些有能力理解或思辨概念的人被称之为“选民”。只有选民才能获得真正的幸福与真正的完善，而这些选民就是哲学家。至于广大公众则在寻求幸福的过程中需要加以领导。政治学的首要任务就是给公众指出一条借助形而上学逐渐走向精神幸福的道路。公众应学会弄清所要达到的目的和幸福是什么，阻碍获得幸福的罪恶又是什么。

“道德宗教”同哲学一样，也分为理论的和实践的。在阿里·法拉比的“美德之城”里，宗教与伊斯兰教法强调其政治功能，而道德与实践艺术则是以市民为对象。美德可通过两种途径获得，即教育与自我修养。教育是通过“言”赋予理论美德，而自我修养是指养成具有理论美德意义的行为习惯。不过，只有选民才能学习理论美德，并且学习的主要方法是靠信念与想象。公众则是靠形象去理解理论美德的意义。自我修养能赋予人基于理论美德的伦理美德和实践艺术。自我修养亦有两种途径：箴言与强制。

谁品质高尚，具有一切美德，并在实践艺术中造诣高深，就能掌握管理城市与公众的艺术，成为执政者。阿里·法拉比在其《美的城邦居民意见书》与《市民政治》中称这种执政者为第一执政者，而在《论寻求幸福》中他们是伊玛目（原意为站在前列的人，即引路人和领袖，在宗教上一般指清真寺领拜人和伊斯兰教大学者）、哲学家、立法者。

第一执政者之所以为哲学家，是因为哲学家的理论美德完善圆满；之所以为立法者，是因为立法者深知为实现实践艺术，市民所能理解和城市所能承受的条件；之所以为伊玛目是因伊玛目能凭其想象的能力预言未来，并对当前发生的一些事件予以解释。阿里·法拉比所指的执政者，不仅是意志的执政者，而且也是本性的执政者。

阿里·法拉比受到柏拉图《共和国》一书中的思想影响提出了美德城邦的设想，这是他社会政治学说中的一个重要术语，是他作为教法学家而提出的新概念。阿里·法拉比世界观中的一个重要思想是其倡导的幸福观。实际上，幸福观含义就在于人能否与世界、与他人、与人本身和谐相处，能否拥有高尚的品质。“既然人的存在目标是努力争取最大的幸福，那么首先要知道什么是幸福，并应将此作为奋斗目标而不断向其迈进。同时还应知道，为获取幸福应该去做些什么？”[1] 他认为，人的最终目的是获得幸福，所

[1] [哈] 噶·木·木塔诺夫：《阿里·法拉比思想与现代社会》，李发元等译，中国社会科学出版社2015年版。

以最理想的城邦，就是“结合起来，进行合作，以得到真正幸福的‘美德城邦’了”。旨在通过社会中的合作而得到真正幸福的城邦是美德城邦，通过合作而得到幸福的社会是美德社会，通过城邦的合作而得到幸福的民族是美德民族。一个国家的所有城邦，若都能互相合作，以获得幸福，那它就是一个“美德国家”了。

与美德城邦相对立的城邦有：蒙昧城邦、堕落城邦、迷途城邦和变异城邦。

阿里·法拉比的美德城邦的设计虽然是脱离社会实际生活的一种空想，但也确实反映了当时人们对未来美好生活的向往。阿里·法拉比提倡人类的生活不应只是追求物质享受，而应该注重精神生活，人们只有精神上幸福了才是真正的幸福，这种思想对人们也不无启迪。他对美德城邦以及其他城邦的分析有很多有意义的部分，最主要的是他对各个哲学问题都提出了自己的看法，表现出了非凡的才能和渊博的学识。

阿里·法拉比是把古希腊文明系统介绍到东方的第一人。通过他的注释、译文，人们更加充分认识和了解了亚里士多德的哲学和美学。

阿拉伯哲学家肯迪（796—873 年）首先把希腊哲学介绍到阿拉伯，但未能形成哲学体系，他所涉及到的各类哲学问题仍然是涣散的，杂乱无章的。而阿里 · 法拉比却创立了完整的哲学体系和学说，对古代哲学中所涉及的问题，都有自己明确的和系统的观点。在涉及到宗教上的敏感问题时，他也大胆地提出了个人见解，为后来阿拉伯伊斯兰哲学的进一步发展打下了很好的基础。阿里 · 法拉比学说中的人道主义倾向在东方逍遥派哲学的社会哲学理论中占有主导地位。

阿里 · 法拉比涉及的学科很广泛，从人文学科到自然学科等，几乎涵盖了当时所有的学科。因此，他也得到了人们的广泛赞誉和高度评价。阿拉伯哲学家伊本 · 萨巴因（1216—1270 年）说 :“法拉比是伊斯兰哲学家中理解问题最深刻和知识最渊博的，是一位真正的哲学家。”历史学家麦西纽说 :“法拉比是第一位穆斯林思想家，是一位名副其实的哲学家。”阿拉伯历史学家伊本 · 赫里康（1211—1282 年）说 :“法拉比是穆斯林中最伟大的哲学家。”后来的阿拉伯伊斯兰哲学家伊本·西那（980—1037年）和伊本·路西德（1126—1198年）等人，都是遵循法拉比开创的道路前进的。因此，人们把法拉比尊称为仅次于亚里士多德的"哲学亚师"并无夸张，阿里·法拉比也是当之无愧的。

阿里·法拉比哲学无论在阿拉伯哲学中，还是在整个西方哲学史上都有着极其重要、不可磨灭的地位。学者们对古希腊哲学的探索，甚至是对文艺复兴的探究，都绕不过阿里·法拉比的学术思想研究。可以说，阿里·法拉比的学说对欧洲中世纪学术思想的发展具有十分深远的影响，为世界科学的发展与完善做出了不朽的历史贡献。

04 阿里·法拉比与丝绸之路

阿里·法拉（870—950年）生活的年代正是丝绸之路繁荣的时期。

"这一时期也正值为丝绸之路作出巨大贡献的中国古

代唐朝中期、西方的拜占廷帝国和阿拉伯的阿巴斯王朝弘扬伊斯兰文化的时期。我们之所以强调这个时代的特殊重要，是因为人类文明史上几种主要的文化：希腊、罗马西欧文化，闪族伊斯兰文化，中国文化，印度文化曾由于丝绸之路的影响而在亚洲大陆上汇聚，而这种文化迁徙和融汇恰恰是阿里·法拉比学术事业取得辉煌成就的历史背景和基础。"[1]

哈萨克民族作为一个实体与中国的经济文化交流，是在公元15世纪克拉伊和加尼别克苏丹在楚河流域建立起哈萨克汗国之后。这一时期哈萨克汗国和中国清政府大规模的绢马贸易是非常重要的。它正好说明哈萨克民族在东西方经济文化交流中起过重大的作用。而阿里·法拉比则是丝绸之路灿烂文化银河中的耀目明星，这是哈萨克民族的骄傲，也是人类文明的骄傲。

阿里·法拉比的著作自1930年起被译成英文和法文，也

[1] 阿里·法拉比：《美德城居民意见书》，埃及商务出版社，1948年阿拉伯文版，第99页。

被译成其他文字在世界各地传播。这位伟大的思想家在哈萨克斯坦共和国影响巨大，阿拉木图建有阿里·法拉比约12米的雕像。为了纪念他，阿拉木图的一条街道命名为“阿里·法拉比大街”，哈萨克斯坦阿里·法拉比国立大学是以阿里·法拉比的名字命名的，是世界知名的高等学府，它为前苏联和现哈萨克斯坦培养了一批批高素质人才。阿里·法拉比的出生地奥特拉尔市附近的“奇姆肯特大学”也更名为“艾卜·纳斯尔·法拉比大学”。

参考文献：

[1] Arthur Hyman and James J.Walsh ed.,Philosophy in the Middle Ages,pp.218.

[2] E.Cilson,History of Christian Philosophy in the Middle Ages,p.185.

[3]（美）马吉德·法赫里.伊斯兰哲学史[M].陈中耀译.上海：上海外语教育出版社，1992.

[4]（伊拉克）穆萨·穆萨威.阿拉伯哲学——从铿迭到伊本鲁西德[M].张文建，王培文译.北京：商务印书馆，1997.

[5](美)列奥·施特劳斯，约瑟夫·克罗波西.政治哲学史（第三版）[M].李洪润译.北京：法律出版社，2009.

[6] 噶·木·木塔诺夫主编.阿里·法拉比思想与现代社会[M].李发元等译.北京：中国社会科学出版社，2015.

[7] 程志敏.阿里·法拉比与柏拉图[M].上海：华东师范大学出版社，2008.

[8] 陈中耀.阿拉伯哲学[M].上海：上海外语教育出版社，1995.

[9] 阿布·纳缓尔·法拉比.柏拉图的哲学[Z].程志敏译，上海：华东师范大学出版社，2006年.

[10] 王家瑛.伊斯兰文化哲学史[M].北京：宗教文化出版社2007.

[11]哈萨克文学简史.[M].阿拉木图：哈萨克国立大学出版社，2001年.

[12] 赵嘉麒.哈萨克文学简史[M].乌鲁木齐：新疆人民出版社，2007年.

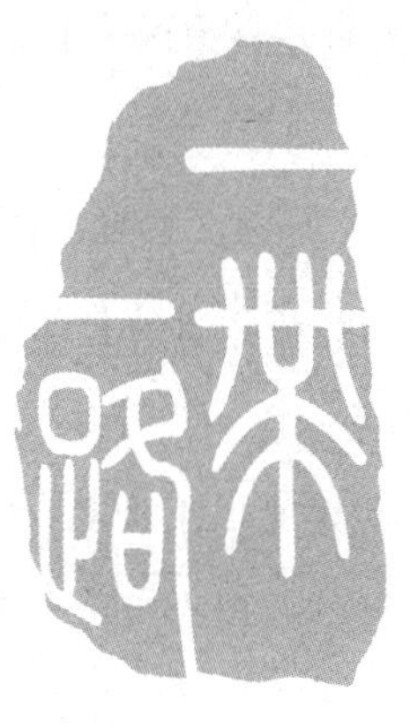
一茶一路

中世纪的波斯文学大家
——穆罕默德·海达尔·杜拉特

阿山·艾保、夏然、夏提合

阿山·艾保，哈萨克族，新疆人民出版社原副总编辑、编审；夏然，即夏里甫汗·阿布达里，哈萨克族，研究员、新疆人民出版总社原副编辑；夏提合，哈萨克族，新疆人民出版社编辑。

米尔扎·穆罕默德·海达尔·杜拉特·古尔干（1499—1551年），亦被译为米儿咱·马黑麻·海答儿（如新疆维吾尔自治区社会科学院民族研究所译的《中亚蒙兀儿史——拉什德史》）。他是16世纪中亚著名的历史学家、军事家和政治家，出身于杜拉特部贵族家庭，少年时代曾随其父先后跟随蒙兀尔汗马哈木和乌孜别克汗昔班尼。后来父亲被昔班尼所杀，他投奔叶尔羌汗国赛义德汗，得其重用，身居高位。穆罕默德·海达尔多次率军出征，并曾担任过喀什噶尔的总督。赛义德汗死后，其长子拉什德汗继位。为了巩固和提高自己的汗权，拉什德汗对穆罕默德·海达尔的家族进行镇压。穆罕默德·海达尔被迫逃往印度。1541年，穆罕默德·海达尔进入克什米尔，夺取该地王位，统治其地10年（1541—1551年在任）。其间，他一直关注家乡喀什噶尔的变化，同时收集书籍、整理传说和进行著述，写成历史名著《拉什德史》（又称《中亚蒙兀尔史》）和诗歌集《世界》。《拉什德史》对莫卧儿帝国[1]及其相邻国家的历史进行了非常有价值的研

[1] 莫卧儿帝国：15世纪中叶至16世纪上叶在哈萨克斯坦东南部及吉尔吉斯斯坦境内执掌政权的封建国家，是14世纪的察哈台汗国分裂的产物。原属察哈台汗国的一部分——毛尔阿尼尼阿黑尔的西边建立了帖木儿帝国，东边则出现莫卧儿帝国。

究，叙述了长达两个多世纪的维吾尔民族在政治、经济、文化和军事方面的发展历史，弥补了《元史》以后汉文史籍在西域史上的空白，为中亚特别是新疆地区的历史研究留下了第一手珍贵的资料。

01 坎坷的人生经历

据《拉什德史》英译本绪论，米尔扎·穆罕默德·海达尔·杜拉特·古尔干 1499 年（也有说 1500 年）出生于当时察赤的地方首府达失干（塔什干）。“穆罕默德·海达尔”是其本名，“米尔扎”表示其出身于名门贵族，“杜拉特”是他所属的部落名，是哈萨克大玉兹一个大部落。

米尔扎·穆罕默德·海达尔·杜拉特·古尔干出生前的几年，他的父亲穆罕默德·胡赛因被蒙兀儿斯坦和哈实哈儿（喀什喀尔）的有名无实的汗马哈木委任为那里的监治官。他的母亲是忽卜·尼格儿·哈尼木之妹，同巴布尔大帝是亲戚关系。穆罕默德·海达尔出身于战乱和奔波逃窜的环境中。他父亲在可不里（今喀布尔）被判有反叛巴布尔的罪行，后得到赦免。不久以后，他的父亲投靠了月即别汗国的沙亦白汗，亦称为昔班尼汗。后又因引起了这位首领的怀疑，穆罕默德·海达尔的父亲再逃亡，到了当时的呼罗珊首府哈烈（赫拉特）。但是，沙亦白汗认为他的本性阴险，即使不在眼前也很危险，于是派了几个密使去哈烈杀了穆罕默德·胡赛因。穆罕默德·胡赛因逃亡的时候，带着几个家属，其中包括穆罕默德·海达尔，不过当时他还是一个很小的孩子。父亲被杀后，一些家臣认为这孩子会遭到同样的命运，便把他带到不花剌（布哈拉）隐藏起来。1508 年，穆罕默德·海达尔大约 9 岁的时候，受到一位亲信的照料，这个人名叫大毛拉马黑麻，从前是他父亲的哈里发（宗教导师）。大毛拉马黑麻决心保护这个孩子免遭月即别人的暗算，千方百计地带着他离开了不花剌。他们历尽艰难险阻，穿过珂咄罗和库拉布河的山区小道，几次差点落入月即别人手中，后来终于渡过乌浒水（阿姆河），来到了巴达哈伤（巴达克山）。这里的米尔扎汗是巴布尔的近亲和臣属，其首府设在科克恰河河谷乞剌匝法儿。他热情地接待了这两个逃亡者，他们留在这里一年，后来巴布尔召他们到可不里（喀布尔）去。穆罕默德·海达尔便成了皇室成员。但几个月以后，巴布尔不得不北上攻打月即别人，当时月即别的主力部队正在喜撒尔，年轻的穆罕默德·海达尔也随军出征。巴布尔对喜撒尔的两次进攻都以失败告终，但是等到呼罗珊的大批波斯人参战以后，巴布尔的第三次进攻大获全胜，占领了昏都斯（孔杜兹）、珂咄罗（葛忒郎）和胡札儿等地。巴布尔同波斯人的联军声势浩大；而当时（1510 年）沙亦白又在马鲁附近同波斯人的战斗中失败身亡，于是联军利用这两种优势，飞快向河中的首府撒马尔罕进军。他们首先进攻不花剌（布哈拉），那里的居民开城相迎，接着他们进攻撒马尔罕，发现那里也没有防备，月即别的首领们在他们逼近时已经逃跑了。巴布尔受到当地人民的热烈欢迎，一度成了中亚大部分地区的真正主人。巴布尔带着穆罕默德·海达尔在撒马尔罕住了几个月。这时一支强大的月即别部落联军迫使巴布尔和他的波斯联军再次投入战斗，不过，这次的结果迥然不同。他们进攻当时被月即别人夺取不花剌，然后被击退了；之后不久，他们又在不花剌城北不远的伽只万战役中遭到惨败。巴布尔同波斯人的联盟垮台了，他退到喜撒儿，在那里遭到一支曾在月即别军中服役的一批蒙兀儿人的袭击，再一次失败。于是，他退到可不里。这时穆罕默德·海达尔从撒马尔罕离开，跑去当时的费尔干纳首府安集延找他舅舅去了。

大约 1514 年初，穆罕默德·海达尔到达安集延，随即到他表兄速檀·赛德汗汗的军队中去服役，那时，速檀·赛德汗汗刚刚去远征达失干（塔什干）的月即别人，在敌人撤退后回到了安集延。第二年夏天，月即别人重整旗鼓，统领着一支强大的部队来围攻费尔干纳首府。速檀·赛德汗汗召集所有部诸首领举行会议。这些首领一致认为，如果没有联盟者就无力抵御这只月即别军队；他们也认为，如果举兵进犯哈实哈儿（喀什客尔），夺取那个地区，倒更有希望获胜。于是他们采取这个决议，在月即别人还没有来得及进入国境之前，速檀·赛德汗便率领着他的诸异密连同老幼大小、财务细软一起离开安集延，取道蒙兀儿斯坦去进攻哈实哈尔。米尔咱·阿巴·白乞儿出身于杜拉特部落诸异密的族系，蒙兀儿斯坦诸汗把他看做是僭主。他是个机灵精干的军人，可也是一个残忍的暴君。1511 年，他曾经侵入费尔干纳，在安集延附近的图特鲁克战役中，被速檀的军队打得惨败，因而未能得逞。1514 年，速檀的军队攻占了哈实哈尔、鸭尔看（叶尔羌）和其他一些城市。阿巴·白乞儿向拉达克方面逃窜，在路上被杀死。

当时，穆罕默德·海达尔虽然只有 15 岁，却被他那位登上了汗位的表兄擢居高位。速檀·赛德汗在位的 19 年间，穆罕默德·海达尔曾历任多种官职，但主要还是统帅军队；直到 1533 年，速檀·赛德汗在远征拉达克归来逝世以后，穆罕默德·海达尔才离开哈实哈儿，到印度的察合台人朝廷中为官。他不仅曾经随速檀·赛德汗到蒙兀儿斯坦去攻打吉利吉思、月即别以及其他部落敌人，而且承担过若干次远征的指挥职务。其中第一次就是 1527 年攻入当时叫博罗尔（或博洛尔）的山区。这次远征名义上是由汗的长子拉失德·速檀指挥，但是穆罕默德·海达尔作为这位年轻王公的师傅或参政，在指挥战役方面起过很大的作用。

后来他参与并指挥了一系列的远征和战役，有成功也有失败——从穷途末路之人一跃成为显赫尊贵的人物。1540

年 11 月 21 日，他带领一批部卒穿过了彭契山口，冲入克失迷儿（克什米尔）谷底，兵不血刃地占领了这个国家。之后他在这里执政 10 年，除了兴兵征战的时期之外，一心与民休息，大力建设这一地区。初来时，这个地区是一片废墟，满目荒凉，后来被他建成了农产丰饶、市廛繁荣的地方。1551 年，52 岁的穆罕默德 · 海达尔在克什米尔去世。

02 不朽的史学经典

《拉什德史》是中亚一部史学经典著作。这部著作的作者就是穆罕默德 · 海达尔。他写这本书的目的在于保存蒙兀儿人及其诸汗的历史，因为当时没有一部编年史，这些事迹大有被遗忘的可能。编撰这样的著作，除了自身的经历，作者还需具备其他必须的条件和素质。中亚历史学者阿明 · 阿黑麻 · 剌齐在 16 世纪末所著的地理书《Half lKim》中评价穆罕默德 · 海达尔“品格高尚，才华出众，诗文优美”。

巴布尔在其回忆录《巴布尔纳玛》中对穆罕默德·海达尔的写作才华、学识、擅于制作弓箭等才能给予了高度评价。在《拉什德史》的开头即“本书内容”中，穆罕默德·海达尔对这一点有这样的说明：“我母亲和我祖母的祖先好几代以前都在父系方面同蒙兀儿诸汗有亲戚关系。我在16岁的时候成了孤儿，双亲刚一去世，就进了速檀·赛德汗汗的宫廷（1514年）。赛德汗爱我如慈父，使我悲痛大减；他对我如此爱顾，乃至使我遭到他的弟弟和儿子的嫉恨。我在他的宫廷中度过24年，过着豪华尊贵的生活。在他的教导下，我获得了许多学识和技艺。在书法、阅读、作诗、写尺牍体散文、绘画和写花体字方面，我不仅高于侪辈，而且成了能手……”用现在的语言来说，他具备了良好的文化素质和水平，加上他亲身经历了诸多历史事件，因此能够驾轻就熟、举重若轻，能够完成《拉什德史》这一经典史学著作。

这部著作以拉什德汗的名字来命名，穆罕默德·海达尔在前言中曾说明，由于当时南疆地区的统治者是拉什德，所以把这本书命名为《拉什德史》，表明这是他献给自己祖国的统治者拉什德汗的。《拉什德史》是用克什米尔文和波斯文写成的，是东察合台汗国和叶尔弟汗国时期的重要史书。

《拉什德史》是一部中亚史学经典著作，正如《拉什德史》的英译本绪论作者所写 :“这部著作是严肃认真的著作”。这部著作在哈萨克斯坦和中亚历史上占有重要的地位。《拉什德史》分为上编和下编两部分。上编是正史，共 70 章，从秃黑鲁帖木儿汗统治时期开始，到阿不都 · 拉什德汗为止。

下编共 116 章，叙述作者的个人生平，以及作者关于在月即别、察合台和其他部落速檀与诸汗的所见所闻，记述了作者生活年代所发生的事件。上编主要是于 1544 年和 1545 年两年在克什米尔写的，约在 1546 年 2 月写成。当时，他统治克什米尔已经 5 年了。但在书中有一后补的附加部分，说是他在希吉勒历 953 年（1546 年 3 月 4 日—1547 年 2 月 21 日）写完的。《拉什德史》有较多的版本为各国大图书馆收藏。英国博物馆存有三部抄本。乌兹别克斯坦科学院东方学院、圣彼得堡大学、俄罗斯科学院亚洲研究所也都有收藏。

穆罕默德 · 海达尔熟知莫卧儿王朝、中亚及哈萨克斯坦，尤其是杜拉特封建主及其构成和历史，通过记录杜拉特部落代代相传的传奇故事、莫卧儿王朝轶事、莫卧儿汗王殿中留存的秘密资料、见证人的说辞，结合自己的所见所闻以当时广泛使用的波斯文写成《拉什德史》。不仅如此，作者平时重视广泛搜集、阅读相关历史书籍。写作时参考、引用了拉施特的《史集》、火者·哈密杜拉的《史略》、耶斯德人大毛拉歇里甫爱丁·阿里的《帕木儿武功记》、大毛拉阿不都·剌匝克的《两幸福之会合》、米尔咱·兀鲁伯的《四大汗国史》、巴布尔的《回忆录》、阿剌丁·阿塔木勒克的《世界征服者史》等书籍以及其他作者的历史作品。

《拉什德史》中记载了有关哈萨克族中世纪历史的珍贵史料。书中也对哈萨克民族的形成、发展以及在钦察草原及其东部发生的事件，如莫卧儿王朝的灭亡，各种原因引发的大大小小的战争，哈萨克族、月即别（乌孜别克族）、吉尔吉思（吉尔吉斯）团结一致抵御外敌等历史活动进行了详细的记录。书中对阿富汗、印度，以及中国新疆、西藏地区政治、文化和社会事件进行了记录和介绍。作者将自身经历和重要见闻与先朝以及当朝的历史事件巧妙结合，进行了生动有趣的叙述。

穆罕默德·海达尔的祖辈曾在莫卧儿帝国执掌了乌鲁斯、塔尔汗的行政大权，还管理着自己继承的“芒腊—苏本尼”等地。

根据穆罕默德·海达尔的看法，哈萨克族历史与莫卧儿帝国的建立直接相关。据其在书中论证，莫卧儿帝国疆域东边到额尔齐斯河，西到土尔克斯坦和塔什干城，北边到巴尔喀什湖，南边到喀什喀尔的广袤地区。14 世纪下半叶，莫卧儿帝国的第一代可汗为征服秃忽鲁帖木儿和也里牙思火者发起了几次大规模的战争。后来，七河流域属莫卧儿帝国的领域由埃米尔·喀马尔丁管辖。当时，中亚统治者埃米尔·帖木儿连续多次向莫卧儿王朝发动战争。莫卧儿王朝掌权者埃米尔·喀马尔丁·杜拉提、叶克特贵族、克孜尔霍加汗等决定团结起来，一同反抗埃米尔·帖木儿。15 世纪下半叶，该国国家内部矛盾加剧，很多哈萨克部落被迫从钦察草原逃亡至七河流域，他们是哈萨克汗国奠基人贾尼别克和克烈依带到这一带的。莫卧儿汗王也先不花将这部分哈萨克人安置在楚河、卡拉套山和塔拉斯河之间的广大地区从事游牧。正是在这个时候，贾尼别克和克烈依得以在七河流域正式创建了哈萨克汗国。穆罕默德·海达尔在《拉什德史》中用相当大的篇幅对哈萨克汗国的创建，以及他们与邻国的关系进行了介绍。穆罕默德·海达尔在介绍哈萨克各部落的同时，讲述了部落之争和内耗在历史上造成了多少的兵荒马乱以及流血牺牲，以及外敌是如何利用了这种内部矛盾的。

03 人民的恒久纪念

《拉什德史》对研究哈萨克斯坦、乌兹别克斯坦、阿富汗、印度，以及中国西藏、新疆地区 15—16 世纪的历史、地理、文学、文化具有很高的学术和史料价值，是不可替代的经典著作。

许多维吾尔族史学家多以《拉什德史》为根据来续编或补写他们各自时代的历史。原书写成后，先后两次被翻译成突厥语，使这部书在中亚地区广泛流传，留下的版本较多。

穆罕默德·海达尔的这部著作由英国著名历史学家丹尼森·罗斯（1871—1940年）翻译成英文，伊莱亚斯编辑，于1895年在伦敦出版，1898年出了第二版，1972年再版。1972年再版版本与第一版和第二版的区别在于：将正标题《拉什德史》改为副标题，以《中亚蒙兀儿史》作为书名；前面增加了一篇由编辑伊莱亚斯写的重印序言；在附录中增加了一篇关于呼罗珊现存蒙兀儿聚集区的附记和一个勘误表；再就是对索引中的错误一一作了更正。《拉什德史》的汉译本由新疆维吾尔自治区社会科学院民族研究所翻译，1983年由新疆人民出版社出版。

《拉什德史》涉及哈萨克族历史的部分由威廉·巴托尔德、伊莱亚斯等著名东方学家进行整理并发表了相关学术文献。作品中一些部分也曾被哈萨克学者斯·阿斯芬蒂亚尔欧夫翻译成哈萨克文和俄文，并于1969年出版。乌兹别克学者乌龙巴耶夫、贾里落娃依据乌兹别克斯坦科学院东方学院所收藏的No.1430抄本为底本，参考圣彼得堡大学所藏的No.272抄本、俄罗斯科学院民族研究所所藏的B648和C394抄本，以及英译本合译的译文，将《拉什德史》由波斯文完整翻译为俄文，于1996年在塔什干出版。

米尔扎·穆罕默德·海达尔·杜拉特·古尔干的这部著作对研究中亚及其相邻区域人民的生活和活动，对于研究创建了不同政权的诸汗、民族和部落的历史，包括哈萨克族及其一些部落的历史提供了非常有价值的第一手资料。

1999年，在乌兹别克斯坦首都塔什干市为庆祝米尔扎·穆罕默德·海达尔·杜拉特·古尔干诞辰500周年举行了隆重的纪念会。哈萨克斯坦江布尔州塔拉兹市为其铸造了纪念碑。江布尔州塔拉兹国立大学以其名字改名为穆罕默德·海达尔·杜拉特国立大学。

哈萨克的英雄
——哈班拜巴图尔

阿布都力江·赛依提

哈萨克族，新疆巩留县人，新疆社会科学院历史研究所副研究员，新疆历史学会理事，研究方向为新疆民族史（哈萨克族史）。

哈班拜巴图尔（1691—1769年），本名哈班拜，哈萨克汗国的英雄（哈萨克语"巴图尔"即"英雄"的意思），中玉兹乃蛮部落人。18世纪20年代，准噶尔部族首领屡屡率兵侵扰哈萨克汗国，哈班拜率众抵抗，奋勇冲杀，屡立大功，被尊奉为"巴图尔"。头可汗逝世后，三玉兹分立，他成为中玉兹阿布赉汗政权巩固和发展的得力助手，通过军事和外交活动，使阿布赉汗成为三玉兹的盟主。阿布赉汗归附清政府后，哈萨克汗国与清政府建立了交市贸易关系。18世纪50年代，他奉阿布赉汗之命，驱赶马匹300匹前往乌鲁木齐，与清政府开展贸易活动。哈萨克族民间史诗《勇士哈班拜》，即是记述和歌颂他青年时期抗击准噶尔部侵扰的英雄事迹的。

01 哈班拜巴图尔——一个英雄的名字

在中国西北边陲，巍峨的天山横亘东西，将广袤的陆地分为山南山北，锻造出浩瀚的沙漠，生机盎然的绿洲和奔腾的河流。天山的一条支脉叫作那拉提山，这片山脉有一个海拔 4257 米的山峰，当地人称它“哈班拜峰”。从伊犁州天山深处的巩留县库尔德宁山谷远眺，哈班拜峰像一把利剑，白雪皑皑，银光闪烁，直插云霄。哈班拜是哈萨克 17 世纪末至 18 世纪中叶的民族英雄。在当时多灾多难的哈萨克草原上，哈萨克族中玉兹乃蛮部落出生的哈班拜巴图尔是辅佐阿布赉汗的著名将领和得力助手，被阿布赉汗赐予“汗”的称号（封号）。为了永远纪念这位不朽的哈萨克民族英雄，人们就把故事发生地的这座最高峰命名为“哈班拜峰”，让他的丰功伟绩像这座山峰一样，永远记在哈萨克人的心中。

1691 年，哈班拜巴图尔出生于中玉兹乃蛮部落一个牧民家庭。他从小在哈萨克草原上长大，常年骑牧的生活环境和战乱不断的年代，让他练就了一副强健的体魄和一身奔袭作战的本领。18 世纪上半叶，蒙古准噶尔部不断侵扰哈萨克，哈班拜巴图尔在同准噶尔的战斗中渐渐享有声名。阿布赉汗在位时，他参与军事、外交事务的决策和处理。民间英雄史诗中经常提到他，《勇士哈班拜》更是专门记述其事迹的史诗。

哈班拜巴图尔原名艾孜巴查尔。因为他在战场上英勇善战，人们称他为哈班拜。“哈班拜”这个名称，在哈萨克族语中意为“野公猪”，赞扬他在作战中像野公猪一样凶猛无比，力不可挡；人们又称他为“达拉波孜”，意为“雪青马”，世间少有，出类拔萃。此外，人们还在他的名字后面加上“巴图尔”，称为“哈班拜巴图尔”，意为“哈班拜英雄”。这些称号被哈萨克族人民世世代代传颂着。

02 成长在动荡的年代

17 世纪初到 18 世纪前半叶，是中国历史的大动荡时期。1616 年，居住在中国东北的日渐强大的女真人，在努尔哈赤的统领下，统一女真各部，建立“后金”政权。17 世纪前半叶（1636 年），爱新觉罗 · 皇太极（1592—1643 年）即皇帝位，改“后金”为“清”。1644 年，李自成领导的农民起义军，进入北京，推翻了明朝的统治。明朝驻守山海关的将领吴三桂投降清军，引清军入关。顺治皇帝把首都从东北的沈阳迁到北京，建立了中国历史上由满族人统治的大清王朝。

明末清初，中国西北西蒙古卫拉特部崛起。自古以来，同为游牧民族的哈萨克族和蒙古族相邻而居，两个民族之间争夺草场的事件时有发生，屡见不鲜。而当哈萨克汗国成立并日益强盛的时候,哈萨克与西蒙古厄鲁特（卫拉特部）的关系变得很紧张，大有一触即发之势。

所谓西蒙古厄鲁特，在清代被称为卫拉特，乃成吉思汗时期的斡亦剌惕部，明代被称为瓦剌。瓦剌人于 15 世纪前半期，即在其首领也先当政时期强盛过一段时间，也先于 1456 年死后，其内部发生分裂渐趋衰落。16 世纪中叶，瓦剌或斡亦剌惕部以卫拉特之名重新崛起，因日益强盛的哈萨克汗国抑制了其西进之野心，于是向青海方向转移，以寻找新的草场，并与东蒙古部落保持了紧密的关系。

16 世纪末期，卫拉特人主要分布于阿尔泰山以东的科布多南北，以及额尔齐斯河上游到准噶尔盆地一带。16 世纪末，蒙古阿勒坦的侄孙库图克图彻辰浑台吉曾进攻卫拉特人，并在额尔齐斯河上打败了他们。17世纪初，西喀尔喀的赉瑚尔汗又多次进攻卫拉特人，并将他们打败。因此卫拉特人在一段时间内不得不称臣纳贡，并向额尔齐斯河中游、鄂毕河以及哈萨克草原转移。卫拉特人是由四部组成的部落联盟，这四部分别是准噶尔、杜尔伯特、和硕特和土尔扈特部。

西迁后，和硕特部居住在现在的乌鲁木齐一带；准噶尔部起初居住额尔齐斯河流域，后来迁至伊犁河流域；土尔扈特部则居住在塔城地区；而杜尔伯特居住在阿勒泰额尔齐斯河流域。应该说，"斡亦剌在其发展过程中，形成后来准噶尔四部，曾经历着复杂的变化，融合了许多东蒙古和突厥系的部落血统。"[1]

卫拉特四部联盟定期召开"丘尔干"（领主代表会议）讨论和调节各部落首领之间的矛盾，加强内部治理，以及

[1]《准格尔史略》编写组：《准格尔史略》，广西师范大学出版社2007年版。

抵御外侮等重大问题，并选举“达尔加”——卫拉特联盟的盟主。这四部中的准噶尔部于 17 世纪初，即在哈喇忽喇时期和其子巴图尔浑台吉时期崛起、强盛。巴图尔浑台吉，名和多和沁，是哈喇忽喇的长子。他于 1616 年前往额尔齐斯河两岸、亚梅什湖一带，守御哈喇忽喇势力范围的西北方面。

1628 年（一说 1630 年），在准噶尔勃兴，巴图尔浑台吉“恃其强，侮诸卫拉特”（见清代张穆所著《蒙古游牧记》）的背景下，土尔扈特部首领和鄂尔勒克率其部，并联合和硕特部、杜尔伯特部的一部分，共 5 万帐，越过哈萨克草原，爬山涉水，迁徙到额德勒河 (今伏尔加河) 下游地区游牧。1634 年，哈喇忽喇死。翌年，达赖喇嘛授予和多和沁以额尔德尼巴图尔浑台吉的称号。1636 年，不愿依附巴图尔浑台吉的和硕特部在其首领图鲁拜琥的率领下，向东南转移到青海一带，并兴兵入藏，占据了青藏高原。[1] 1640

[1]《准格尔史略》编写组：《准格尔史略》，广西师范大学出版社2007年版。

年 9 月初，在巴图尔浑台吉和扎萨克图汗的努力下，在塔尔巴哈台召开了卫拉特其余各部和喀尔喀各部封建主会议，建立了卫拉特—喀尔喀联盟。这大大巩固了巴图尔浑台吉的统治地位。

当时，迁移到哈萨克草原东部的卫拉特与哈萨克汗国为争夺草场经常发生冲突。

16 世纪下半期，在萄叶克勒汗当政时，哈萨克得到了极大的发展，国力强盛。1568 年，萄叶克勒汗去世后，尽管哈萨克和准噶尔之间也发生几次战争，但优势在哈萨克一方。因此，到 17 世纪前半期，哈萨克在牢牢控制住巴尔喀什湖以南的楚河、塔拉斯河流域这一广袤牧场的同时，还控制了塔什干、安集延、撒马尔罕等贸易中心，其势力逐渐西向乌拉尔河，北向伊施姆河扩张。[1] 因此，哈萨克汗国与卫拉特或准噶尔之间的冲突从争夺草场发展到争夺具有重要战略意义的商业城市的大规模冲突和战争。1635

[1]《准噶尔史略》编写组：《准格尔史略》，广西师范大学出版社2007年版。

年，准噶尔巴图尔浑台吉率领大军攻击哈萨克并俘虏了扬吉尔汗，不久，扬吉尔汗又逃了出来。[1] 1643 年，巴图尔浑台吉在和硕特首领鄂齐尔图汗和阿芭赖台吉帮助下，集中 1.5 万人并联合土尔扈特等其他部 1 万人与扬吉尔汗作战。而扬吉尔汗只有 6000 人，他把一半兵力部署在峡道要塞里，一半兵力部署在山后。当巴图尔浑台吉攻击峡道要塞时，他就用大部分兵力去袭击其后方，并利用火器的威力，使巴图尔浑台吉的军队遭受巨大损失。后另一哈萨克王雅兰杜什带领 2 万人也赶来参加战斗，巴图尔浑台吉被迫退却，但带回不少战俘。1643 年，巴图尔浑台吉率领 5 万军队再一次攻打哈萨克，摧毁了阿拉套、托克马克一带的哈萨克诸部，但准噶尔人的这次进攻仍然被打退了。1652 年，巴图尔浑台吉重新集结军队，从俄国要塞购买武器，从臣服于其的柯尔克孜招兵买马，对扬吉尔汗发动了大规模进攻。在这次战争中，哈萨克军队战败。根据史料，经过这

[1] 穆罕默德然·卡拉塔耶夫：《苏联哈萨克加盟共和国百科全书》卷四，民族出版社1985年版。

次战争和此后的一系列争斗，准噶尔在军事上明显占有优势，哈萨克的一部分在一段时期内臣服于巴图尔浑台吉。

1653 年，巴图尔浑台吉死，噶尔丹的兄长僧格承袭了准噶尔部的统治权后，面临着准噶尔部上层贵族争夺统治权的复杂局面。1670 年，他被政敌所杀。随后，巴图尔浑台吉之六子噶尔丹击败政敌，掌握最高统治权，成为准噶尔部最高统治者。他对内实行残酷的统治，对外加紧推行扩张政策。1681 年以后，噶尔丹连年向西扩张，征服哈萨克和诺盖等。1682—1683 年，噶尔丹率军猛攻哈萨克汗国军队。当时哈萨克汗国是陶克汗（头克汗）。这次，哈萨克汗国军队大胜，噶尔丹军队几乎全军覆没。然而，噶尔丹并不甘心失败。他于 1684 年重新集结军队，攻打赛拉姆城（赛里木）并占领了这座城市。噶尔丹的部将罗布丹将这座城市摧毁，并遣军直抵黑海沿岸称之为“美人国”的诺盖部族居住区。

1688 年，噶尔丹向东部的喀尔喀蒙古发动进攻，至 1697 年兵败自杀，在此 10 年期间，准噶尔汗国基本上停止了对哈萨克的军事行动。陶克汗正是利用这一战争的间歇时期，采取各种措施，加快了哈萨克汗国的统一步伐。“陶克汗任命三个人去分别管辖三个玉兹，即图列比管辖大玉兹，以卡孜别克比管辖中玉兹，以艾依特克比管辖小玉兹，陶克汗本人驻在突厥斯坦。”[1]陶克汗还召集各部落首领，在原有的基础上，制订《头克法典》，加强了中央集权。1718 年陶克汗去世后，诞生于 15 世纪中叶的哈萨克汗国基本上处于分裂状态。

噶尔丹败亡于喀尔喀蒙古牧地之后，策妄·阿拉布坦和噶尔丹策零先后即位，准噶尔汗国再度复兴并进入了鼎盛时期。强大的准噶尔汗国给哈萨克三个玉兹带来严重的灾难。1723 年春，装备精良的准噶尔大军突然出现在塔拉斯河畔的哈萨克人面前，刚刚度过严冬的大玉兹哈萨克人此时正准备向夏牧场转移，对突如其来的战争毫无戒备。他们在准噶尔大军的猛烈攻击下，纷纷丢下毡房、牲畜及其他财产四散逃命。来不及出逃的哈萨克人大多死于战乱。准噶尔军队的进攻从大玉兹扩展到中玉兹和小玉兹，1724

[1] 王治来：《中亚近代史》，兰州大学出版社1989年版。

年和 1725 年，准噶尔军队推进到锡尔河流域，先后攻占了土尔克斯坦、塞拉姆、塔什干等城镇，进而又侵入哈萨克草原西部小玉兹的领地。苏丹及当权的贵族们一个个四散出逃。此时的哈萨克人已失去了任何有组织的抵抗，大玉兹和中玉兹的几个部落暂时被迫臣服于准噶尔汗国，并交付了人质和赋税，其中包括大玉兹的卓勒巴尔斯和中玉兹的阿布勒班毕特汗。不愿意接受准噶尔汗王和贵族统治的哈萨克人纷纷向南逃亡，渡过锡尔河进入河中地区，大玉兹的残部和中玉兹的小部分人从上游越过锡尔河进入忽毡地区；中玉兹的大部分人渡过锡尔河进入撒玛尔汗；小玉兹的哈萨克人大多从下游越过锡尔河迁入布哈拉领地及阿姆河畔的希瓦领地。这次的哈萨克人向南大迁徙，“使他们陷进连续不断的真正没落与毁灭之中。羊群和马厩在一天天缩小，灾祸和贫困打击着每一个人。一些人饿死了，其余地抛弃了他们的妇女和孩子。最后，这些难民们在一些不能为一个游牧民族提供任何资源的贫瘠的土地上停留下来了”。[1]一些出逃的哈萨克人在当地无法立足，转而向西北的欧洲草原逃亡，进入伏尔加河流域及贾伊克河（即乌拉尔河）畔，再次与当地的卡尔梅克人（即西迁的土尔扈特蒙古部）、哥萨克人、巴什基尔人（即诺盖人）发生冲突。小玉兹渡过恩巴河攻占了卡尔梅克人的部分领地，一直推进到乌拉尔；中玉兹的部分哈萨克人向北迁徙，“一直到奥里河和乌伊河。赶走了这两条河流域的许多巴什基尔人”。[2]卡尔梅克人与巴什基尔人虽然势力较弱，但他们不能容忍传统的游牧地落入他人之手，随之对哈萨克人进行了报复与袭击，乌拉尔的哥萨克人也加入了袭击的行列。与这些周邻部族之间的冲突，更加重了流亡的哈萨克人的苦难。

在这“大灾难”的时期，哈萨克族统治阶级的内部纷争并未因外来的威胁而终止，他们无力组织人们共同对敌，对人民的压榨却有增无减。哈萨克族人民在内忧外患交相

[1] 厉声:《哈萨克斯坦及其与中国新疆的关系（15世纪–20世纪中期）》，黑龙江教育出版社，2004年。

[2] 厉声:《哈萨克斯坦及其与中国新疆的关系（15世纪–20世纪中期）》，黑龙江教育出版社，2004年。

煎迫的情况下，揭竿而起，反抗外来侵略。许多哈萨克的巴图尔们挺身而出，哈班拜就是其中一位杰出的将领。到18世纪20年代，他和他的战友们英勇抗敌，形成了哈萨克族的军队，长期反抗准噶尔的侵略，这一战争一直延续到1756年。

03 老骥伏枥，屡建奇功

1724年，准噶尔向哈萨克汗国的首都土尔克斯坦城进军，这时的哈班拜已经32岁，是一位成熟的军事指挥官。当时城里的苏丹是阿布赉，他几次向阿布赉提出守城建议，都没能引起重视。结果准噶尔军到来，阿布赉被准噶尔军的气势吓破了胆，连13岁的孙子阿布曼苏尔（后来的阿布赉汗）也没顾得带上，连夜弃城逃跑。城中1万守城军队和3万百姓只能把守城的希望寄托在哈班拜身上，齐声高呼“哈班拜”的口号。哈班拜召集士兵，宣布把守城的指挥权交给阿依齐别克巴图尔，自己则杀出重围到小玉兹去搬救兵。阿依齐别克鼓励士兵说：“勇士们，为了保卫我们的家园，保卫我们的领地，我们只有团结起来，万众一心，誓死守卫土尔克斯坦城，我们一定要等待哈班拜搬来救兵！”

哈班拜巴图尔是阿布赉汗时代的人，18 世纪阿布赉是哈萨克 3 个玉兹中最著名的可汗之一。

1731 年哈萨克小玉兹可汗阿布尔海里臣服沙俄时，阿布赉没有接受阿布尔海里的提议，拒绝参加臣服沙俄的宣誓仪式。哈班拜巴图尔也站在阿布赉一边，没有参加宣誓仪式。后来，阿布赉可汗不仅是哈萨克中玉兹的可汗，他还统治了大玉兹的大部分和小玉兹的一部分，成为三个玉兹的可汗。

1740 年，阿布赉麾下已有 3 万多骑兵，各种辅助部队尚未计算在内，这是准噶尔多次侵入以后哈萨克召集的起来的最强大的军队。一次，阿布赉把哈萨克军队中一些享有名望的首领们召集在一起。库尔班·阿力在《东方五史》中这样记载：“阿布赉汗时代的英雄和军队首领有哈喇克列氏族出身的哈班拜巴图尔、阿勒特巴伊巴图尔、叶赫坦别尔迪巴图尔、叶思拜思别特巴图尔、马太氏族出身的春顗巴图尔、克列部落出身的加尼别克巴图尔、森提满马来沙利巴图尔等。他们每个人都因英勇顽强出兵抗战而受人崇敬。其中最突出的还是哈班拜巴图尔。”

哈班拜巴图尔是阿布赉汗最可靠的军队首领和军事参谋。阿布赉十分钦佩哈班拜的英勇善战和足智多谋。有一次，准噶尔军队和哈萨克军队展开了一场激战，哈萨克军队包围了准噶尔军的堡垒，攻打数次都失败了，损失甚大。在这种情况下，阿布赉对自己的军队首领和勇士们说，谁能攻破这一堡垒，就把汗位让给他。哈班拜巴图尔和叶思拜恩伯特巴图尔率领部下很快便把敌军的堡垒彻底摧毁。阿布赉汗十分高兴，亲口称哈班拜巴图尔为“哈班拜汗”，并赠送叶思拜恩伯特巴图尔一件上等绣花大衣。

在库尔班·阿力的《东方五史》一书中还记载着这样一个故事：有一位出身于哈萨克族中玉兹阿尔根部落的老歌手布哈尔，对哈萨克诸部落的世系了如指掌。阿布赉汗视他为最信任的顾问，碰到了疑难问题就请教于他。有一次，阿布赉的军队准备在塔尔巴哈台、埃米利沙一带同准噶尔部作战。阿布赉广泛听取各巴图尔及头目们的作战方案，两个主要的军事首领哈班拜和鲍根巴伊巴图尔之间发生了分歧。鲍根巴伊主张立即翻越塔尔巴哈台山，攻击乌尔加尔的准噶尔部。哈班拜反对这样做。他认为，“应该先攻面前的拉斯特，如果舍近求远，经过长途跋涉，人困马乏，粮草短缺，士气低落，敌人再来个前后夹击，我们就会全军覆没”。阿布赉没有立刻表态，而是让坐在身边的布哈尔先发表意见。于是布哈尔拉便兴唱了一首歌。其歌词是：

你,阿布赉,本是来自突厥斯坦的男儿，
曾给大玉兹的托列比当过放骆驼的奴隶。
之后你受到命运之神的眷顾，
幸运之神克德尔来到你的身边。
进入了幸福的殿堂，
搭上了黄金的树枝。
像雄鹰般展翅成长，
希望从远方寻找满足。
你,坎吉噶勒鲍根拜，
英雄好汉，名副其实。

但，你在疆场上仅初露头角，

而哈班拜这位老将，却屡建战功。

他的长矛早已使人失魂落魄，

你鲍根伊怎能相比？

于是，阿布赉汗采纳了哈班拜巴图尔对准噶尔的作战计划，最后终于取得了这次战争的胜利。这一历史记载充分说明了哈班拜巴图尔的声誉和地位远在鲍根巴伊巴图尔之上。人们长期以来之所以喜爱这支歌，还因为后来在沙俄的威胁、利诱面前，哈班拜威武不屈，进行了英勇的斗争。

1755年底，原臣服于清朝的准噶尔阿睦尔撒纳反叛，跑到哈萨克，向阿布赉借兵，遭到阿布赉汗的拒绝。当追击阿睦尔撒纳的清军到达哈萨克中玉兹境内时，阿布赉汗亲自迎接清朝军队，正式表示归顺清朝政府。这时，哈班拜巴图尔也坚决站在阿布赉一边，积极拥护和支持阿布赉汗的政治选择。由于阿布赉汗的紧密配合，清政府很快取得了平定阿睦尔撒纳叛乱的胜利，加速了统一西域边疆的步伐。后来哈萨克族的乃蛮和克列等部落，陆续迁回到阿尔泰山、塔尔巴哈台及伊犁地区一带。

英雄哈班拜是英勇抵抗准噶尔贵族的勇士，也是坚决反对沙俄侵略的英雄。哈萨克小玉兹首领阿布尔海里在沙俄政府的利诱威逼下，臣服了俄国，中玉兹的阿布赉汗拒绝臣服沙俄。这时，哈班拜巴图尔也立场坚定地站在阿布赉汗一边，坚决抵制沙皇俄国的威胁利诱，表现出了坚贞的民族气质和不畏强权的英雄品格。

两个多世纪过去了，在哈萨克草原上，每当人们提起哈班拜的名字，就会发自内心的激动不已。每当哈萨克族群众在喜庆节日和娱乐活动中，都会开口同声呼喊："哈班拜巴图尔！"人们把他的名字作为口号，作为胜利的象征。哈班拜巴图尔的英雄事迹永远铭记在哈萨克族人民的心中。

哈萨克族的杰出首领
——阿布赉汗

阿布都力江·赛依提

男，哈萨克族，新疆巩留县人，新疆社会科学院历史研究所副研究员，新疆历史学会理事，研究方向为新疆民族史（哈萨克族史）。

阿布赉汗（1711—1781 年），原名为阿布曼苏尔，哈萨克汗国杰出的政治家、军事家和外交家，哈萨克汗国可汗，是哈萨克汗国可汗扬吉尔汗的五世孙。13 岁时，阿布赉汗的父亲被准噶尔人杀害，他随母亲流浪至河中地区，16 岁回到草原，为大玉兹的最高统治者托列比放牧。1730 年代初，他在中玉兹成为苏丹，1735 年他已成为中玉兹的汗，与阿布勒班必特共同管事。1741 年，阿布赉率部抵抗噶尔丹策零对哈萨克汗国的入侵而被捕，1743 年，阿布赉获释后成为统一全哈萨克汗国三个玉兹的大汗。1747 年，反击准噶尔人，收回哈萨克人的牧地。1755 年，中国清政府平定准噶尔后，作为哈萨克中玉兹首领的阿布赉率部上表称臣。中国乾隆皇帝正式册封其为哈萨克可汗，成为整个哈萨克汗国的可汗。1781 年，阿布赉在南征浩罕国的途中，在路经现在哈萨克斯坦南哈州阿勒斯河时病重去世。

01 阿布赉汗的时代

阿布赉汗是18世纪中叶哈萨克汗国著名的大汗，扬吉尔汗五世孙，本名阿布曼苏尔，1711年出生于哈萨克中玉兹贵族家庭。其家族属于蒙古准噶尔部，1723年袭突厥斯坦城，父亲瓦里被杀，阿布曼苏尔出逃，投入大玉兹汗阿布勒班毕特麾下。与准噶尔作战时，阿布曼苏尔高呼其祖父、原突厥斯坦城苏丹阿布赉之名奋勇杀敌，取得胜利，乃被称为“阿布赉”。阿布勒班毕特以其作战英勇，推举他当哈萨克大汗。时年仅有20岁，他并未接受，直到5年后才继大汗位，治中玉兹。哈萨克汗国统治中心遂移至中玉兹。因他善战且富智慧，为大、小二玉兹所尊服。18世纪中，清军征准噶尔至爱古斯河，阿布赉汗率各玉兹归顺清廷，并遣使入觐。后与阿布勒班毕特一致反对小玉兹阿布勒海依尔汗投附俄国。并一再拒绝俄国的馈赠，年俸与册封，晚年公开对抗俄国，卒后葬于突厥斯坦城。

从15世纪开始，中亚历史发生了很大变化，成为近代诸民族形成的重要历史阶段。在这一时期，帖木儿帝国开始瓦解，河中池区陷入一片混乱之中；蒙兀儿斯坦汗国开始分裂为东、西两部分，天山南部很多割据势力形成；中亚西北部的白帐汗国解体，战乱不断，在原白帐汗国的领地上建立起来阿布勒海依尔汗国。后来，统治集团之间争权夺利，统治者与被统治者之间的矛盾进一步加剧，名目众多的苛捐杂税和各种无偿劳役使牧民遭受极大的痛苦，加上 15 世纪 50 年代，蒙古瓦剌军侵入阿布勒海依尔汗国，击溃其军队。外族的入侵更加激化了内部矛盾，加速了阿布勒海依尔汗国的灭亡和哈萨克汗国的建立。1456 年，白帐汗国最后一个可汗——巴拉克之子克烈汗和贾尼别克汗率哈萨克各部落东迁，并在蒙兀儿斯坦统治者叶先卜花汗的支持下，在七河西部地区的楚河流域和塔拉斯河流域设帐，建立独立的哈萨克汗国。哈萨克汗国在哈斯木汗的统治时期（1511—1523 年）空前繁荣，社会政治、经济、文化得到极大的发展。16 世纪 20 年代，哈斯木汗征服了辽阔的哈萨克草原，当时其管辖领地，南部包括锡尔河流域及其城市，东南部包括七河地区（楚河、塔拉斯河、卡腊塔勒河和伊犁河）等流域，东北部包括巴尔喀什湖以东以南地区，西部包括雅克河流域。哈萨克汗国的人口达到了100万，军队达30多万[1]。哈萨克汗国崛起的同时，在新疆天山北部的西蒙古准噶尔部也开始兴起，并以塔尔巴哈台、伊犁为中心，把势力范围扩大到额尔齐斯河中、上游，天山南部等广大的地域。这样在中亚北部草原形成了两个游牧集团势力——哈萨克汗国和西蒙古准噶尔汗国。

西蒙古历史悠久，其起源至少可追溯至元代斡亦剌惕，明代则以雄踞塞北的瓦剌部闻名于世。清代，它由土尔扈特、准噶尔、和硕特、杜尔伯特四大部落组成，亦称“四卫拉特部”。17世纪30年代，准噶尔部势力崛起，取代和硕特部成为四部联盟盟主，又称“准噶尔”。

17世纪下半叶至18世纪中叶，正是准噶尔贵族开始崛起于西域，沙皇俄国开始向哈萨克草原大肆侵略的时期。

在准噶尔蒙古贵族逐步征服天山南北的广大地域的同

[1]《准格尔史略》编写组：《准格尔史略》，广西师范大学出版社2007年版。

时，大肆进攻哈萨克汗国，汗国东南部的大片草原被准噶尔蒙古部所霸占，人民被奴役，众多的哈萨克人民被迫离开自己世代居牧的丰美草场而向西迁移。哈萨克人没有被大灾大难压倒，他们纷纷起来与准噶尔顽强斗争，以捍卫自己的独立和自由，哈萨克人民虽丧失了一部分土地，但保持了自己汗国的政治、经济的独立性，被准噶尔贵族占领的部分地区的哈萨克人也纷纷起来抗击准噶尔军队。连年反抗准噶尔贵族的压迫和奴役，同时又要反对沙皇俄国的侵略，使得这一时期的哈萨克历史上涌现出一批批哈萨克族英雄，这些英雄的事迹被哈萨克人编成史诗传颂。其中最著名的是以阿布赉为首的一批抗敌英雄。

02 从阿布曼苏尔到阿布赉汗

阿布曼苏尔的少年时代就是在腥风血雨、忧患重重中度过的。土尔克斯坦城被准噶尔部占领，阿布曼苏尔被他父亲的一个忠诚奴仆救了性命，并带他和他的母亲逃亡至河中地区。落难的阿布曼苏尔被自己那些声势显赫的亲属抛弃，他16岁回到草原，为大玉兹的最高统治者托列比牧养牲畜。因他衣衫褴褛，披头散发，托列比称他为“萨巴拉克”（意即头发蓬乱，衣服褴褛之人）。他从未透露过自己是汗的后裔。

不久，阿布曼苏尔离开托列比家，流浪到中玉兹，又给巴依铁木尔打活。铁木尔膝下无子，夫妻俩决定收养阿布曼苏尔为子。有些人规劝铁木尔，“收养人家的终究不是亲生的，你如不纳妾是要绝后的”。铁木尔为了杜绝闲话，就取了个小老婆。可是不久又传出闲话：“铁木尔的养子和铁木尔的小老婆勾搭上了。”阿布曼苏尔为了避开这个“是非之地”，决定离开这个家，铁木尔送给养子一匹5岁的小黄马。阿布曼苏尔非常感激养父，骑着小黄马离开了铁木尔家。少年时艰辛的生活，繁重的劳动，锻炼了阿布曼苏尔不畏苦难的坚强意志。眼看战乱频仍，人民不得安宁，他更坚定了拯救自己民族的壮志。

阿布曼苏尔的青年时期正是哈萨克草原上战乱频繁的年代。当时，哈萨克人和邻近的准噶尔部为争夺牧地和商道，不断地进行着大规模战争。18 世纪 20 年代末至 30 年代初，阿布勒班毕特汗组织哈萨克人抗击准噶尔部军队侵扰。青年时代的阿布曼苏尔英姿勃勃、臂力过人，他决心打击准噶尔部军队的嚣张气焰，为振兴哈萨克而奋斗。在征得托列比同意后，阿布曼苏尔前往阿布勒班毕特处参战。传说在一次战斗中，准噶尔部巴图尔夏尔什勇不可挡，许多哈萨克巴图尔都被刺下马。阿布曼苏尔请求阿布勒班毕特允许他上阵。得到允许后，阿布曼苏尔驱马猛扑，口中高喊："阿布赉！阿布赉！"一下便砍下夏尔什的头。准噶尔部军队大败而逃，阿布曼苏尔率领哈萨克军队紧紧追赶。这一战给了哈萨克人很大鼓舞，同时也使阿布曼苏尔威名远扬，深得哈萨克人民的爱戴。战斗结束后，阿布勒班毕特问他为什么高喊"阿布赉"，他回答说："我爷爷名叫阿布赉。"原来阿布赉苏丹是哈萨克汗国中一位英勇善战的将军，是这个家族引为自豪的人物。由于阿布曼苏尔高喊"阿布赉"杀敌立功，此后人们便称他为"阿布赉"。阿布勒班毕特汗封他为苏丹。

阿布赉当了苏丹，成了阿布赉汗后，经常向阿布勒班毕特汗提出有益的劝告和战略见解，这为他赢得了"智者"的美名，名声越来越响亮。阿布勒班毕特汗胸襟开阔，分出许多部落归阿布赉汗管辖。阿布赉汗继续领导哈萨克人和仇敌准噶尔部以及图拉河一带的吉尔吉斯贵族斗争，他智勇双全，屡立战功。

阿布赉汗管理牧业有方，内外政策也较得当，因而深得广大哈萨克人的拥护。哈萨克学者瓦里汗诺夫在《哈萨克族简史》中写道："在1739年，阿布赉苏丹是中玉兹中最有势力的一个统治者，所以俄国政府主要与阿布赉和他的兄弟苏丹别克打交道，因为据那时被遣往汗国的所有俄国人证实，现在的汗是无足轻重的。通晓汗国事务的特夫凯烈夫对这位苏丹做过评价，说他是吉尔吉斯（即哈萨克）统治者中最精明强干和最富有影响的人物。"由此可见，当时年仅28岁的阿布赉汗已是哈萨克草原上一个举足轻重的人物了。

沙俄一直妄图吞并广阔的哈萨克草原，为此决定收买阿布赉汗，给他颁发了证书，规定每年发给津贴300卢布和200普特（1普特等于16.38公斤，200普特等于3276公斤）的面粉。野心勃勃的沙俄妄图以如此低微的代价收买阿布赉汗，吞并中玉兹广大地盘和50万人口。对此，阿布赉汗采取灵活的外交政策：接受报酬，但不给沙俄办事，更不让沙俄染指中玉兹。

1740年，阿布勒班毕特遣使前往准噶尔向噶尔丹策零表示臣服，并将亲生儿子送往准噶尔做人质。当时中玉兹巴拉克苏丹的驻地远离俄国边界，对准噶尔人的畏惧，超过了对俄国人的畏惧。他和阿布勒班毕特一样，也把自己的儿子送到噶尔丹策零处做人质。准噶尔噶尔丹策零也是用尽办法拉拢中玉兹的苏丹和下层人物。为达到目的，他采用威胁和优抚的手段，甚至用自己的钱购买各种俄国商品，不但不赚钱，而且还赔钱在账内出售。

1741年，阿布赉汗在战役中被准噶尔部俘虏。哈萨克托列比率90人的使团前往准噶尔进行谈判。1743年9月5日，阿布赉获释。不久阿布勒班毕特汗，便在突厥斯坦城去世。于是，阿布赉成为中玉兹唯一大汗。由于阿布赉的才智和威望，为哈萨克三个玉兹的人们所信赖，因此，成了实际上的哈萨克的大汗。阿布赉为了本民族的安全和利益，在较长的时间里与准噶尔保持着密切关系。

1747 至 1748 年，经过几年休养生息的哈萨克各玉兹，在阿布赉汗的领导下，对准噶尔部发动了一场反击战。战前，阿布赉汗充分听取自己的谋臣、勇士等人的意见，然后率军攻打了拉斯特，取得胜利，接着又用奇兵突袭准噶尔部，把敌人从乌尔加尔一直赶到额敏河畔。1745 年，准噶尔部首领噶尔丹策零病死，贵族们为争夺汗位相互残杀，阿布赉汗“利用他们软弱无力的这一时机，推波助澜，时而支持这一方，时而支持那一方，从而加剧其纷争”。阿布赉汗对准噶尔部蒙古贵族的打击，对清政府统一中国西北边疆无疑是起到了积极作用的。

1751 年，准噶尔爆发内讧。名将大策零敦多布之孙达瓦齐与辉特部台吉阿睦尔撒纳等欲拥立策妄达什为珲台吉，以取代喇嘛达尔扎。事发，达瓦齐与阿睦尔撒纳准备投顺清王朝，被喇嘛达尔扎探知，发兵堵剿。达瓦齐等率少数亲随逃往哈萨克中玉兹避难。阿布赉热情地接纳了达瓦齐与阿睦尔撒纳，给予各种支持，并将女儿嫁给了阿睦尔撒纳。阿布赉的用意显然是想支持达瓦齐，等有朝一日能争得权力，扶植一个有利于哈萨克人的近邻。连当时俄国奥伦堡总督闻讯后也十分热情地邀请达瓦齐等前往奥伦堡，竭力同他们，特别是他们认为有希望登上汗位的达瓦齐建立密切关系。

喇嘛达尔扎遣人前去要人，被阿布赉拒绝。喇嘛达尔扎遂命赛音伯勒克、纳墨库济尔噶尔统兵3万，于1751年进军哈萨克。大兵压境，阿布赉邀请了三个玉兹的主要苏丹在游牧地乌鲁套山区举行联席会议，会议上对是否交出达瓦齐等人，大家意见不一。迫于大兵压境，阿布赉决定交出。达瓦齐等闻讯，连夜出走，绕过准噶尔大军，潜回塔尔巴哈台，在当地收集旧部，然后奔袭伊犁。次年11月，1500多名精兵攻入伊犁，喇嘛达尔扎死于乱军，达瓦齐被拥立为准噶尔浑台吉。在此期间，阿布赉曾派兵支持了达瓦齐的夺权。

进入哈萨克领地的3万准噶尔军队与中玉兹发生了几次冲突，哈萨克人失利，许多人被俘，部分哈萨克人被迫西迁至奥里河和穆古扎尔山一带。一些中玉兹部落试图进一步向西进入俄国境内,但遭到当局的拒绝。及至达瓦齐执政，遣宰桑额尔沁前来哈萨克草原招降追随喇嘛达尔扎的准噶尔军，统兵官纳墨库济尔噶尔擒住赛音伯勒克等，撤兵归顺达瓦齐。准噶尔与哈萨克的关系复归于好，在内外相对和平稳定的环境中，中玉兹得以恢复生息。

1753 年，准噶尔再次爆发内讧，这次是原来盟友之间的决裂和反目为仇。11 月，达瓦齐出兵征讨阿睦尔撒纳。阿布赉再次插手准噶尔，支持女婿阿睦尔撒纳，致使达瓦齐三战皆败，退兵博尔塔拉。据鄂木斯克当局保存的档案资料记载，这一时期有许多准噶尔战俘和难民进入哈萨克领地。次年，达瓦齐集中兵力反攻，阿睦尔撒纳在达瓦齐和乌梁海兵的夹击下惨遭失败，7 月被迫率 4000 余户，计 2 万余口部众投顺清王朝。

1754 年 6 月，清王朝决定利用准噶尔割据政权的内讧，出兵统一西域。乾隆皇帝称 :“我朝当全盛之时，国体攸关，不应委屈从事……况伊部落（准噶尔）数年以来内乱相寻，又与哈萨克为难，此正可乘之机。若失此不图，再阅数年，伊事稍定，必将故智复萌，然后仓促备御，其劳费必且更倍于今……朕意机不可失，明岁拟欲两路进兵，直抵伊犁，即将车凌等分驻游牧众建以分其势。此从前数十年未了之局，朕再回思维，有不得不办之势。”（《清高宗实录》卷四六四）次年2月，清军分兵两路，各统兵25000余名西征。5月两路会师伊犁。6月，俘献达瓦齐，统一西域。

清政府统一西域后，本着“众建以分其势”的方针，将准噶尔分立四汗，阿睦尔撒纳仅为四汗之一的辉特汗；但鉴于他平定达瓦齐的功劳，晋封其为双亲王，食亲王双俸，这使阿睦尔撒纳想要一统准噶尔的企图受挫。1755年8月，阿睦尔撒纳在乌伦古河畔举起反叛清朝的旗帜。清政府于1756年2月再次出兵统一西域。3月清军攻入伊犁，阿睦尔撒纳逃入哈萨克领地。阿布赉汗再次接纳了他。双方举行谈判，阿布赉答应武力支持阿睦尔撒纳。随后，阿布赉派兵协助阿睦尔撒纳对抗进入哈萨克领地追剿的清军，双方一度在草原上展开了“游击战”。冬天来临之时，清军暂时从前线退兵。如何对待仍在哈萨克领地避难的阿睦尔撒纳，哈萨克人内部意见很不一致。部分苏丹和比认为，继续庇护和支持阿睦尔撒纳，与清军对抗，对哈萨克人的独立是危险的，要求将其引渡给清王朝。阿布赉则采取了调和政策，允许阿睦尔撒纳乘清军退兵之际返回博尔塔拉，重振声势，但不再从军事上支持他。

03 辉煌灿烂的人生阶段

从 1755 年开始，阿布赉汗步入他人生的第二阶段，也是他一生中最辉煌的阶段，也是他公开反对沙俄侵略的阶段。就在这一年，准噶尔部在清军的打击下土崩瓦解，清王朝统一了天山北路。

清王朝平定准噶尔部时，乾隆皇帝给前线将领降旨：“若哈萨克人等投诚前来，将伊大头目酌量赴京入觐，赏给官爵，其所属之人仍于原游牧处安插，不必迁移，倘竟不归诚，亦不必用兵攻取。”（《清高宗实录》卷四八三）。同年另一道敕谕则称：“……尔哈萨克情愿归诚与否，听尔自为。惟须各守边界，不得妄行出境。”（《清高宗实录》卷四九六）由此可以看出，清王朝根本没有用军事力量制服哈萨克之意。乾隆皇帝给前线将领的指令：“伊等抵哈萨克边境时，毋得抢掠生衅，惟加意防守，即伊部落有兵侵轶，亦以理谕，令其撤回，如不遵，再为擒剿。”（《清高宗实录》卷四九六）

1755 年，清朝政府向哈萨克人派遣了使者，伊犁将军班第把颁给哈萨克人的谕旨翻译成蒙古文，遣使前往晓谕。此外，班第又另行文书宣抚哈萨克人。尔后阿布赉亦遣阿穆尔巴图尔为使到班第处。这是哈萨克首次通使于清廷。班第对阿布赉遣使通好的这一行动十分赞赏。他在给乾隆皇帝的奏折中称：“阿布赉诚信款附，恭顺可嘉。”（《平定准噶尔方略》第十四卷）其后，阿布赉派哈萨克汗国的政治代表与清廷接触。1755 年秋，清朝定边左副将军哈达哈与阿布赉举行了首次正式接触，并建立了朝贡的藩属关系。

同年，阿睦尔撒纳反叛，跑到哈萨克草原，曾向阿布赉借兵，因哈萨克内部意见不统一，部分苏丹和比不愿为了阿睦尔撒纳与清军对抗，阿布赉最终拒绝了这一请求。1756 年，乾隆皇帝的一道谕旨中称：“……前阿逆曾向哈萨克借兵。阿布赉并未给予……实可嘉与。”（《清高宗实录》第五零八卷）

1757 年 5 月，征伐准噶尔残部的富德将军率领清军到达巴尔喀什湖东部的爱唐苏河，阿布赉部署向富德将军归附，并说明阿布赉归顺的意图和发展双边贸易的请求。

同年 6 月，清军至阿布赉处，阿布赉在巴尔喀什湖东部的爱古斯河畔迎接清军，正式表示归顺清政府和朝贡，并要求遣使到北京入觐。

同年 9—10 月间，阿布赉的使臣亨集噶尔、乌穆尔泰、都楞、阿兰扎，阿布赉之弟阿布勒比斯的使臣塔纳锡、伯克奈等，偕至热河避暑山庄朝谒，呈献表文。乾隆皇帝“赐宴万树园，观灯火”[1]。阿布赉给乾隆皇帝的表文称：“哈萨克小汗臣阿布赉谨奏中国大皇帝御前：自臣祖额什木汗、杨吉尔汗以来，从未得通中国声教。今只奉大皇帝谕旨，加恩边末部落，臣暨臣属，靡欢不忭，感慕皇仁。臣阿布赉愿率哈萨克全部归于鸿化，永为中国臣仆，伏惟中国大皇帝睿鉴。谨遣头目七人，及随役共十一人，赍捧表文，恭请万安，并敬备马匹进献，谨奏。”（《平定准噶尔方略》第四十一卷）

乾隆皇帝接受了阿布赉的臣服，并颁布了册封阿布赉的敕谕：“谕哈萨克汗阿布赉曰：朕为天下其主，中外一体。尔哈萨克为准噶尔所隔，未通贡使。兹以大兵平定准部。

[1] 何秋涛：《哈萨克内属述略》，《朔方备乘》第六卷。

率属归诚，朕深鉴悉……尔等避处遐方，非可与喀尔喀部比。尔称号为汗，朕既加封，无以过此。或尔因系自称，欲朕赐以封号，亦待来奏。朕惟期尔部安居乐业，俾游牧各仍旧俗，既贡献亦从尔便。如遣使如觐，朕自优可赏赉……兹因尔使入觐，还归尚需时日，先有驿送驰谕，并赐大缎四端。”（《平定准噶尔方略》第四十一卷）

阿布赉臣服后，清廷对哈萨克实行羁縻政策，把哈萨克汗国作为自己的藩属，“如安南、琉球、暹罗诸国”一样。“非欲郡县其他，长官吏治，亦非如喀尔喀之分旗编设佐领”（《平定准噶尔方略》第四十一卷）

阿布赉臣服清政府以后，沙俄惶恐不安。为阻止阿布赉继续与清政府来往，沙俄遣使到阿布赉处，要阿布赉把自己的儿子作为人质送往俄国。但“出乎意料之外，阿布赉以极不友好的态度接待俄国官员，并拒绝交出自己的儿子。”（列夫申《吉尔吉斯——哈萨克各帐及其草原叙述》）

沙俄为了破坏哈萨克与清朝的臣属关系，不惜使用离间计。1760年，沙俄政府行文清廷称：“哈萨克统众三方，分三路侵犯卡座。”乾隆皇帝认为：“看来此必系俄罗斯诡辞设间”，其目的是“俾我加兵哈萨克，以快其意”，并特别指出，“若其事果属确实，伊部落又岂肯报信”？俄罗斯“捏造……情形显然”。(《清实录》，乾隆二十五年，正月丙寅条、丁卯年）沙俄离间之计未能得逞。

沙俄阴谋挫败以后，又采用讨好拉拢的手法。1778 年 10 月 22 日，沙皇发出了一份册封阿布赉为可汗的证书，并附有一件皮大衣、一把军刀，另加一顶软帽，要阿布赉到奥伦堡（今俄罗斯境内）去领取，并要他在奥伦堡、特洛伊斯克和西伯利亚边境线上宣誓。阿布赉拒绝了邀请。后来，沙俄又提出让阿布赉在自己的牙帐内当着俄国使臣的面宣誓，但仍被拒绝。阿布赉说：“人民推举我当可汗，清朝皇帝册封我可汗爵位，我决不去俄国宣誓臣属。”[1]沙皇给阿布赉的“那个证书和那些可汗头衔的标志留在了彼得洛巴甫洛夫斯克要塞”，[2]成了阿布赉绝不臣服沙俄的历史见证。

---

［1］《哈萨克族简史》编写组：《哈萨克族简史》，民族出版社2008年版。

［2］《哈萨克族简史》编写组：《哈萨克族简史》，民族出版社2008年版。

阿布赉"晚年公开地对抗了俄国政府"，不仅拒绝与俄国来往，而且"公开拒绝遣返扣押在他帐内的俄国俘虏"。沙俄对此十分恼怒，"取消了他的年俸，并设法支持一些反对他的苏丹们和他唱对台戏，以贬低他的威信。为此，已采取了一些措施，甚至考虑把他抓起来，送到俄国内地"。（瓦里汗诺夫：《阿布赉》）但沙俄的阴谋并未得逞。

阿布赉汗时期的哈萨克汗国政治稳定，经济快速发展，同清王朝和俄罗斯帝国保持交往，为古丝绸之路的畅通创造了有利条件。这一时期，哈萨克汗国与清政府互通有无，发展贸易，商家往来络绎不绝，当时哈萨克汗国主要向清政府提供马匹等牲畜，换取中原的丝绸、瓷器和商品。《清高宗实录》记载："伊犁驻防大兵一切需用牲畜全赖哈萨克贸易。"

阿布赉逝世以前，共向清王朝派遣了12次入觐的使者，双方的贸易逐年扩大。清政府指定乌鲁木齐、伊犁、塔城等地为贸易地点，哈萨克以马、牛、羊等畜交换清朝的绸缎、棉布、瓷器、茶叶等，双方的贸易是公平而合理的。这就大大地密切了哈萨克与清朝的关系，保障了边境的安全。

1781 年，阿布赉汗逝世，享年 70 岁，葬于突厥斯坦城。清朝廷获悉后，立即派显要官员来到帐内，召集死者家属，举行了一场盛大的追悼会。

阿布赉汗是哈萨克著名的可汗，是哈萨克历史上出类拔萃的英雄，是文武双全的军事指挥官，也是精明的组织者和天才外交家。当时的和以后的哈萨克族诗人、说唱家都热情地歌颂了阿布赉汗的丰功伟绩。阿布赉汗为 18 世纪的哈萨克汗国的生存和发展做出了卓越的贡献。

阿布赉汗时期，哈萨克汗国和清朝之间的绢马贸易是两国人民在古丝绸之路交好互鉴的一段佳话，也是中国和丝绸之路沿线国家千百年来友好交往的缩影，阿布赉汗不愧是古丝绸之路的守护者。

中哈友谊有着深厚的历史积淀和强劲的传承动力。虽然阿布赉汗的故事已尘封于历史，但中哈友好事业远未止步。

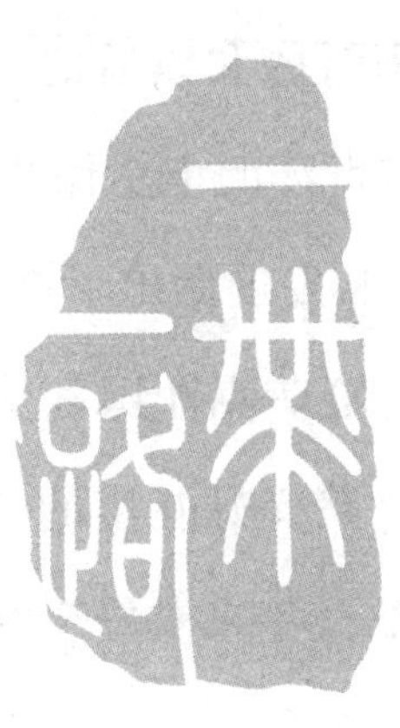

文化启蒙家

——阿拜·库南拜耶夫

夏里甫汗·阿布达里

笔名夏里甫罕、夏然，哈萨克族，新疆人民出版总社原副总编辑、研究员。

茫茫的黑夜呀，何时消散？
辽阔的哈萨克斯坦呀，何时现青天？
你采集民间的泪花苦果，编织成乐章诗篇。
你为人民请命伸冤，你替奴隶呐喊助战，
你已筋疲力尽，你却心甘情愿。
你向往的是真是善是美，回应你的只有
默默耸立的峭壁，泪珠滚滚的河滩。
你完成启蒙者的使命——走了，把诗把阿克利亚，
留给了后代，留给了人间。
星移斗转，年复一年，
你心中的鸟儿终于展开了翅膀，冲入了云端。
它唤醒了沉睡的大地，它惊动了哑然的心弦。
如今回应你的是欢腾的流水，是绿油油的草原，
是奋起的一代，是自由的笑靥。
世纪之风吹遍宇宙，正义之举纵深发展。
你听，阿拜，
风把你颂扬，
你看，人类把你思念。

这是著名翻译家、画家高莽先生于1994年为联合国教科文组织纪念阿拜·库南拜耶夫诞辰150周年而出版的《阿拜阿拜箴言录》所作的诗题。这首诗高度概括了阿拜·库南拜耶夫辉煌的一生和杰出的贡献。

阿拜·伊布拉希姆·库南巴耶夫（1845—1904年），哈萨克斯坦伟大的诗人、哲学家、教育家、作曲家，哈萨克书面文学的奠基人。他生于哈萨克斯坦谢米州青格斯山区（今东哈萨克斯坦州阿拜区）卡斯卡布拉克山乡，10岁进入教会学校学习，13岁开始投身社会工作和政治活动，30岁担任阔恩尔阔科谢地区伯里斯（即区长），1882年开始创作生涯。到1904年他去世前，共写了200余首诗，其文章的集合——《阿拜阿拜箴言录》，更是成为哈萨克文学史上极为重要的作品。尽管褒贬不一，阿拜在哈萨克文坛的地位是无从动摇的，他被称为“哈萨克诗圣”，联合国科教文组织将其列入世界文化名人予以纪念。

01 坎坷的从政生涯

阿拜·库南拜耶夫1845年8月22日出生于哈萨克斯坦谢米州青格斯山区（今东哈萨克斯坦州阿拜区）卡斯卡布拉克山乡的一个小山村。他的父亲库南拜·沃斯肯拜在当地很有威望,是一个远近闻名的社会活动家、大苏丹(首领,长官)。阿拜先在家乡跟随哈毕特汗毛拉识文断字，10岁时送到塞米帕拉丁斯克市用阿拉伯、波斯语授课的阿合迈特·瑞扎经文学校学习。这是一所经文学校，主要用阿拉伯语、波斯语教授宗教课程。天资聪颖的阿拜十分好学，很有上进心，被评为优等生。然而他并不满足于宗教课程。阿拜·库南拜耶夫十分喜好阅读，阅读了很多东方诗人的经典作品，包括大量的阿拉伯文、波斯文和察合台文的故事、达斯坦（叙事长诗）和黑萨（经改变的长诗）等文学作品，他尤其喜爱尼扎米·甘吉奥依（1141—1209年）、萨合迪（1203—1292年）、哈非孜（1325—1390年）、菲祖里（1404—1556年）、阿里舍尔·纳瓦依（1441—1501年）等经典作家。在这所学校学习的第三年，他同时进用俄语授课的普瑞霍特斯卡亚学校学习。父亲库南拜看出阿拜比其兄弟更优秀，于是让他回到自己身边，并参与管理工作。在父亲身边的岁月里，阿拜目睹了官吏的阴险、狡诈和贪婪和传统哈萨克的封建部落宗法社会中的种种矛盾。社会不平等、人民饥寒交迫、封建宗法制度的法律和习惯法的不公平及其危害，让他感同身受。他对沙俄政府的殖民统治及其地方官吏的腐败感到厌恶。他决心与他们进行斗争："只有成为能够为民众带来益处的、有人性的、处事公正的官员，我才能算是一个好人。"他暗自下了决心。基于这一决心和目的，他竞选阔恩尔阔科谢地区博里斯（即区长），并成功胜出。1876—1878 年，在担任阔尔阔克谢区区长期间，阿拜尽一切可能主持正义，反对欺负弱者的种种不公平行为，对种种欺诈、偷盗等行为严惩不贷，因此得罪了很多权贵。用心险恶的人们诬陷、控告阿拜，让他在从政的路上吃了不少苦头。同时，阿拜的父亲库南拜是一位颇有主见、个性强悍的人，阿拜常常与父亲产生冲突和争论。28 岁时，阿拜与父亲分道扬镳，从而走上自己决定自己命运的道路，开始将更多的时间、精力投入到人文科学研究上来。

他特别重视自己的俄语训练，同时也开始钻研东西方文学经典……他与很多哈萨克青年诗人、歌手以及俄罗斯知识分子精英往来交流，获益匪浅。35 岁时，阿拜重新开始诗歌创作，但这一时期他的诗歌创作，署的是朋友的名字。到他 41 岁时，也就是 1886 年，他写出代表作《夏》，终于在其作品中署上自己的名字。这无疑是他的创作进入成熟期的显著标志。之所以署名，是因为直到这一时期他才对自己的创作和作品满意。他对诗歌和创作有着很高、很严格的标准和要求。

19 世纪七八十年代，阿拜 · 库南拜耶夫与被流放到哈萨克斯坦的俄罗斯进步民主人士接触和交往。他们是俄国革命知识分子的代表、车尔尼雪夫斯基的追随者。他们多是一些热血青年。他们很钦佩阿拜，对他的探索和研究给予了很多支持，同时也通过阿拜了解和学习了有关哈萨克历史、文化、诗歌、传统、地理、环境等方面的知识。俄罗斯青年们认为，对于处于边缘化的这一地区（哈萨克斯坦）只有通过发展教育才能改变其落后面貌，所以他们热心介绍和推荐俄罗斯文化和文学经典作家作品。这对结束沙皇俄国的专制统治也是非常有必要的。与俄罗斯进步青年们的交往对阿拜世界观的形成产生了有益的影响。但是，阿拜更多地是通过阅读、钻研来了解和接受俄罗斯文化、文学和民主思想的。关于这一点，穆赫塔尔·阿乌埃佐夫指出，“阿拜·库南拜耶夫经过努力，更加精深掌握俄语，并通过阅读普希金、别林斯基、赫尔岑、切尔尼雪夫斯基、谢德林、涅克拉索夫的著作，受到他们的广泛而深刻的熏陶和影响。”[1]同时，他也认真阅读了歌德、拜伦等诗人以及斯宾诺莎、路易斯、达尔文、笛卡尔、约翰·威廉·德雷珀等大家的著作。到1884年，即将40岁的时候阿拜·库南拜耶夫已经成长为一个知识丰富、学贯东西、眼界开阔的人。

1886年，阿拜·库南拜耶夫在米哈依里斯的推荐下，当选为谢米州统计委员会的成员。在这之前一年，即1885年5月，在谢米州总督切克林斯基的主持下，该州所属5个区100多个比的负责人在恰尔河沿召开了紧急会议，会上选举阿拜·库南拜耶夫为总比，并委托他主持制定适用于谢米哈萨克人的“反犯罪法”。阿拜领导的专门委员会用了

---

[1] 阿拜·库南巴耶夫：《阿拜百科全书》，遗产出版社，1995年。

3 天 3 夜的时间起草了该法律。此法律既不同于哈萨克古老的习惯法，也与沙俄的满是霸王条款的法律不同，其中有关盗窃、犯罪和妇女问题的部分非常有价值。这次会议之后，阿拜的威望如日中天，这更加刺激了阿拜 · 库南拜耶夫的敌人们。1890 年，拜库拉克、昆图等权贵为首的 16 人在谢米州冬营地边缘的西依聚首，商定反阿拜的计划。他们想方设法陷害阿拜，计划置阿拜于死地。这一冲突持续到 1898 年。

02 广受爱戴的诗人和思想家

阿拜 · 库南拜耶夫从 10 岁开始诗歌创作。1880—1897 年为自己的诗歌作品作曲。但其作品多署他名，散落于民间，到 1896 年他安排自己学生搜集以阔克拜之名印刷的这些作品。

从 1886 年开始，阿拜 · 库南拜耶夫开始将克雷洛夫、普希金、莱蒙托夫等经典作家的作品翻译成哈萨克文。

阿拜·库南拜耶夫不仅仅是一位诗人，也是一位音乐人和作曲家。他对哈萨克源远流长的民族音乐文化有着很深的了解。他创作了20多首歌曲。著名作家艾克拜尔·米吉提认为："哈萨克的大调歌曲,大概是从阿拜开始的。例如《无风的夜，月光明媚》。纵观人类历史，在近现代史上还有一位伟人——印度的泰戈尔，他一生写了3000首歌，印度的国歌也是泰戈尔写的。哈萨克的大调歌曲的源头，我认为是从阿拜开始的。阿拜的20多首歌，到现在为止，任何有高深造诣的艺术家都认为值得传唱的，而且都在传唱。"

阿拜·库南拜耶夫不仅为自己创作的诗词谱写曲子，还为自己翻译的普希金的《叶甫盖尼·奥涅金》（选段）创作了曲子。1887—1889年，普希金和他的诗体长篇小说的主人公原型随阿拜·库南拜耶夫创作的旋律在哈萨克草原被广泛传唱，并且使他们犹如哈萨克叙事长诗中的主人公那样家喻户晓，老少皆知。

19世纪80年代末期，阿拜·库南拜耶夫作为诗人、思想家、音乐家闻名于哈萨克草原，并深受尊敬和爱戴。从哈萨克的各个地方有诗人、音乐家、歌手等慕名前来拜访他。著名歌手、作曲家毕尔激昂（1831—1897 年），女性盲诗人阿嘉尔（1865 年—？），诗人、歌手胡安德克（1843—1928 年）等在哈萨克人民中广泛传播了阿拜·库南拜耶夫的诗歌作品。

而穆哈（1857—1957 年）、阿克里拜（1861—1904 年）、卡克泰（1869—1915 年）、马高雅（1870—1904 年）等一批才华横溢的诗人、歌手拜阿拜为师，他们聚集在阿拜周围，有的学习借鉴他的诗歌，有的钻研学问，有的阅读俄罗斯文学作品，写作历史题材或者浪漫主义或者风俗习惯类的叙事长诗。不仅很多哈萨克族青年才俊前来拜阿拜·库南拜耶夫为师，聚集在他身边，还有很多其他东方民族的有志进步青年，主要是鞑靼族青年以及从西伯利亚流放地逃回故乡途中经过这里的高加索人拜阿拜为师。这样，阿拜·库南拜耶夫的家乡逐渐成为东方有进步思想的人们聚集的一个中心。阿拜·库南拜耶夫的知名度、影响力越来越大，威望越来越高。

阿拜·库南拜耶夫及其学生和朋友的诗歌创作、启蒙和社会活动矛头直指旧的封建宗法制度以及沙俄沙文主义殖民统治。因此，阿拜·库南拜耶夫的创作、他的社会活动被认为是对沙俄殖民统治的潜在威胁，他本人被警方监控。

然而，因为阿拜深孚众望，他们因而不敢公开对阿拜·库南拜耶夫采取行动，只是采用了更加阴险的手段来对付他。部落首领沃拉兹拜聚集草原反对阿拜·库南拜耶夫的一批权贵，用各种卑劣手段打击阿拜·库南拜耶夫的诗人朋友。同时，他们给州总督、县官、法院写匿名信，控告阿拜·库南拜耶夫，说他是“沙皇的敌人”“暴动分子”“祖辈风俗习惯和传统的亵渎者”。于是，谢米市警官带领大批警察到阿拜·库南拜耶夫家乡进行搜查。1897 年，阿拜·库南拜耶夫的反对者甚至企图杀害阿拜。塞米州总督多次威胁阿拜·库南拜耶夫。然而，由于阿拜·库南拜耶夫在民众中的崇高威信，他们不敢对他采取更进一步的措施。但是，他们用各种办法禁止阿拜·库南拜耶夫与流放到谢米州一带的俄罗斯进步民主人士继续往来。然而，阿拜·库南拜耶夫与民众的联系是无法全面隔断的。民众不断前来请教、咨询。就连当地部落之间发生民事纠纷，也会请阿拜·库南拜耶夫调解。

阿拜·库南拜耶夫在哈萨克青年当中的影响力越来越大。在节假、喜庆活动和庆典中，人们传唱阿拜的作品。阿拜家乡的姑娘出嫁时，还会随嫁妆一起带上阿拜作品的手抄本。

晚年的阿拜·库南拜耶夫接连受到命运的无情打击。1891 年，他的兄弟欧斯盘不幸去世；1895 年，阿拜·库南拜耶夫最器重的儿子阿布德拉合蔓溘然离世；陷入无尽的悲痛之中的他，写了很多哀悼儿子的诗歌。这些作品感情真挚、富于艺术感染力，不仅表现了白发人送走黑发人的悲痛，而且表现出了失去知心朋友和继承者的悲痛。接着，1904 年，阿拜的小儿子、富于才华的诗人马高雅去世。这些接踵而来的打击使得阿拜一蹶不振。40 天后，1904 年 7 月 5 日，阿拜·库南拜耶夫与世长辞。

03 丰富而珍贵的精神遗产

阿拜·库南拜耶夫作为诗人、思想家、启蒙家、作曲家、哈萨克现代现实主义文学的奠基人，为后世留下了丰富的精神遗产。

阿拜·库南拜耶夫的创作中，诗歌作品占有举足轻重的地位，是一位富于创新精神的诗人。他从10岁开始就创作了诗歌，但早期作品大多已经遗失，有的作品后人只知道题目。阿拜·库南拜耶夫的处女作叫《以为赶骆驼的谁》。1870—1880年间，阿拜·库南拜耶夫也创作了一些诗歌作品，诸如《优兹依与娆贤》《菲筚里与霞米兰》《别再疯狂，我年轻的心》《致夏里普》《致阿毕尔阿勒》《致加克斯里克》《辽阔的草原》等。尤其是1882年创作的《初雪》，是一篇充分展现其创作才华的标志性诗歌作品。然而，阿拜·库南拜耶夫40岁后才开始全身心投入创作，从而真正进入创作的黄金期和收获期。这个时期他的文学观、创作观、美学观基本形成，也是他创作上丰收的时期。他的整个创作集中在四个领域：一是诗歌创作，二是《阿拜阿拜箴言录》写作，三是文学翻译，四是歌曲创作。

在阿拜·库南拜耶夫的诗歌创作中，40岁以后创作的诗歌占有真正重要的地位，很有分量和价值。这些作品从诗学、内容、形式、风格等诸多方面实现了创作上的突破与飞跃，为哈萨克诗歌创作带来一股清流。早在1934年，库·朱巴诺夫（1899—1938年）教授就指出：阿拜将哈萨克民族文学语言提高到经典文学语言的高度，从而创造出了经典文学的风格。这是他的与众不同之处。在他之前的书面文学诗人的创作，几乎都使用察合台语进行创作。而阿拜·库南拜耶夫并不拘泥于旧的传统、旧的审美窠臼、旧的形式和旧的创作方法，而是不拘一格，努力探索新的形式、新的内容、新的题材和与之对应的诗学、语言，并寻求不同的表达方式和手段。阿拜富有力量、深沉凝练的创作风格就是不断追求突破和超越的结果。

阿拜·库南拜耶夫丰富了哈萨克诗歌的体裁，创造了语言凝练、表现手法多样的全新诗风。对哈萨克传统诗歌中的准歌词型的抒情习俗歌、英雄长诗，经过改变的黑萨和故事长诗中的浪漫主义、针砭时弊的劝解传统，朝着新的现实主义的方向、用新的类比型手段加以替代，从而突破了原来的七音节、八音节的诗歌和十一音节、四行为单元的传统诗歌形式，使之面貌一新，获得新的生机、活力和新的表现特质。

俄罗斯著名学者、莫斯科大学教授尼古拉·阿纳西塔西耶夫（1940年—？）认为，阿拜·库南拜耶夫作为哈萨克现代文学的奠基人而遐迩闻名。他是一位将草原之国丰富深厚、源远流长的创作传统与俄罗斯和欧洲文化相结合的人道主义诗人。同时,他又是一个感情真挚而细腻的抒情诗人、富有深刻思想的哲人和无情揭露批判其同时代人的批判诗人。乍一看，他的一生似乎波澜不惊，但他富于探索的创作生涯充满了与东方和西方诗人的超越时空的对话。这位学者笔下的阿拜·库南拜耶夫，不仅是本民族的启蒙者，为其发展、进步与繁荣而奋斗的先驱者，同时也是与普希金，与歌德，与莎士比亚和笛卡尔以及约翰·威廉·德雷珀等贤者进行跨越时空的沟通与对话的人。他在这种沟通与对话中获得升华，从而跻身世界文化名人行列。

除诗歌创作之外，阿拜·库南拜耶夫于1890—1898年写的《阿拜阿拜箴言录》在其创作生涯中也占有非常重要的地位。他的《阿拜阿拜箴言录》由46篇箴言组成。其中第16、18、19、20、24、31、45篇是短文。第46篇是一篇关于历史的文章。第38篇也是一篇篇幅较长的文章。第25篇是苏格拉底与其弟子阿里斯托德的对话。第37篇则由23个格言组成。

《阿拜阿拜箴言录》的写作标志着阿拜·库南拜耶夫的创作生涯到了一个新的阶段。关于《阿拜阿拜箴言录》的写作，他写道：“我这辈子不管过得好不好，经历的事儿倒是不少。我拼搏过，争斗过，申辩过，吃尽了苦头，度过了大半生，已经筋疲力尽，心灰意冷，开始意识到自己是在枉度一生，一事无成。我该怎样度过余生，该干些什么好？我茫然，真不知该怎么回答这个问题。去治理民众吗？不，民众是治理不了的。让那些愿意自讨苦吃的人，或那些心比天高的年轻人来干这一行当吧。真主保佑，可别再让我干这种费力不讨好的差事。去放牧吗？不，犯不着去干这种事。孩子们会照顾他们所需要的畜群。我才不去为了使那些恶棍、窃贼和乞丐为自己口福喝彩，而把剩余的岁月弄得黯然失色。去研究学问吗？居然没有一个人可以与你切磋琢磨，还谈得上什么研究学问？研究了又去向谁传授，遇到疑团又去向谁讨教？犹如在荒无人烟的旷野上摆起布摊，手里拿着米尺又有什么用？身边没有一个可以倾诉的知己，做学问只会使人更备受煎熬，催人衰老。要不去当一名神职人员？我担心也当不好。干这种行当要求心静。我这辈子内心总被烦扰，生活不曾平静过。在这个国度，在这方天下，你还怎么教门从职。去教育孩子？这我也力不从心。原本是可为的，可是不知道该教给他们什么实质性的东西。期望他们成才？让他们参与国事，让他们参与某项有意义的活动？他们前途未卜，我给他们指明不了如何依靠自己的学识便可一生如意，我不知道让他们将来何去何从，又怎么去教他们？不，教育孩子也不是我的出路。最后我想，还是拿起纸和笔，来消磨时间，把自己的所思所想都写下来。如果有人认为我写下的篇什还对他们有点益处，他们可以阅读、传抄，如果认为没有益处，那也无妨，文章总归是我的。除此，我别无所求。”[1]

[1] 阿拜·库南拜耶夫：《阿拜阿拜箴言录》，粟周熊、艾克拜尔·米吉提译，民族出版社，1995年版，第1—2页。

《阿拜阿拜箴言录》是阿拜·库南拜耶夫对哈萨克社会文化、政治、经济、道德、伦理和民族的命运、发展与前途问题的思考，语言犀利、言简意赅、思想深刻、内涵丰富、充满哲理、富于穿透性，表现出深刻的忧患意识和深邃的文化反思意识，充分表明其通过艰辛的创作和上下求索，通过深刻而义无反顾的文化反思，通过启迪民智、唤醒民众以拯救民族、引领民族走向进步、发展与繁荣之路。

阿拜·库南拜耶夫的文学翻译实践同样值得关注和研究。他通过富于开拓性、创新性的翻译实践，架起了一座与俄罗斯和欧洲进行文化交流、文学交流的金色桥梁。从1882年开始，阿拜·库南拜耶夫在从事诗歌创作的同时，也投身了文学翻译活动。他在文学翻译领域的处女作是莱蒙托夫的《波罗金诺》（节选），这首写于波罗金诺战役25周年（1837年）的诗篇是关于1812年人民战争的"微型叙事诗"。学术界确认阿拜·库南拜耶夫翻译的诗歌作品有50多首。其中既有抒情诗，也有寓言诗（其中《乌鸦和狐狸》有两种翻译样本）；既有长诗，也有抒情短诗和讽刺诗。阿拜·库南拜耶夫不仅是哈萨克文学家中，也是在中亚和东方诸多民族中翻译俄罗斯经典诗人和作家的作品的第一人，是文学翻译领域的开拓者。他翻译克雷洛夫、普希金、莱蒙托夫、列夫·托尔斯泰、谢德林，以及通过俄文译文翻译歌德等诗人和作家的作品。哈萨克斯坦学术界和文学界、翻译界一致公认，阿拜·库南拜耶夫翻译的上述作家的 50 多部作品多是翻译文学的经典范例，为哈萨克文学翻译事业，尤其是诗歌翻译开辟了全新的道路，提供了重要借鉴，架起了交流之桥，在哈萨克文学发展史上占有特殊重要的地位，不仅为哈萨克文学翻译事业，而且也为哈萨克文化和文学的发展做出了重要的不可替代的贡献。

阿拜·库南拜耶夫同时还是一位富有创新精神的作曲家，为哈萨克斯坦歌曲创作和音乐文化的发展做出了杰出的贡献。根据哈萨克斯坦的遗产出版社在 1995 年出版的《阿拜百科全书》，阿拜创作的歌曲有近 40 首。他不仅为自己创作的诗歌作曲传唱，也为自己翻译的普希金、莱蒙托夫等作品作曲。他的歌曲创作也和其诗歌创作一样，在植根哈萨克深厚的民族传统的基础上，借鉴、吸收了欧洲和俄罗斯的音乐文化，大胆创新。著名作家艾克拜尔·米吉提认为，哈萨克的大调歌曲的源头是从阿拜开始的。哈萨克斯坦音乐文化史专家特·弘耶尔阿特拜认为，阿拜的"歌曲创作是19世纪末、20世纪初哈萨克音乐文化的一股清泉"。

04 当时社会的文化反思

阿拜·库南拜耶夫从事创作的时代是19世纪的下半叶。这一时期，实际上是在沙俄统治下，哈萨克斯坦处于社会、政治、经济和文化发生急剧转折或转型、充满矛盾的时期。这一转型在一定程度上与沙俄吞并哈萨克斯坦的进程有着直接的关系。一方面，沙俄吞并哈萨克斯坦后，加紧推行、加强殖民统治和民族压迫，废除了哈萨克斯坦以前的传统的政治统治结构。另一方面，哈萨克斯坦与俄罗斯内地的商品交换得到发展，同时与中国新疆以及中亚地区的贸易也得到发展，这使得哈萨克族的自给自足、封闭的游牧自然经济被打破，商品经济、货币交换得到发展，哈萨克族传统的封建宗法制随即开始走向解体。与此同时，俄国资本主义的快速发展促使在哈萨克斯坦的社会经济中，资本主义生产关系得以一定程度的发展，这体现在哈萨克斯坦国民经济的所有领域。这加剧了社会分层和阶级分化，特别是由于游牧自然经济陷入危机，并走向解体，大量贫穷牧民破产，越来越多的牧民被迫告别传统的游牧生产方式和生活方式，走向定居或半定居，从事农业，或成为打工者，即雇工。更为具有决定性意义的是，哈萨克斯坦并入俄罗斯为哈萨克族接受俄罗斯先进的民主主义文化创造了有利的条件。在哈萨克斯坦的许多城市、乡村开办了俄罗斯—哈萨克学校。哈萨克族学生在这些学校受到了现代教育。哈萨克族现代意义上的知识分子队伍开始形成和逐步壮大。在这一过程中，俄罗斯文化和俄罗斯进步知识分子的影响是显而易见的[1]。

阿拜·库南拜耶夫就是生活在这样一个新旧交替、社会动荡、矛盾激烈，同时危机与机遇并存的转折时期——社

[1] 阿拜·库南巴耶夫：《《阿拜百科全书·阿拜的时代》，遗产出版社，1995年版，第25—31页。

会转型和文化转型时期。阿拜·库南拜耶夫的创作与思想以及文化启蒙是对当时的社会矛盾与危机的一种能动的、理性的反应，对当时时代提出的重大课题的解题，也是对时代提出的挑战的一种积极迎战。

阿拜·库南拜耶夫认为要改变当时哈萨克民族所处的封闭的落后的局面，就首先应该树立开放意识。他在《阿拜阿拜箴言录》第25篇写道：“应该学习俄语。因为智慧、宝藏、科学、技艺，一切均在俄罗斯蕴藏。为了对他们既有防范，又有所借鉴，应当学会他们的语言，了解他们的教育，掌握他们的科学。他们正是因为掌握了世界上的各种语言，才达到了今天这种境地。如果掌握了他们的语言，你会视野开阔，思路活跃。”所以他认为哈萨克人应当精湛地掌握俄语。这实际上也是阿拜·库南拜耶夫亲身体验后的深刻认识和经验之谈。他小时候在塞米市上经文学校期间也在俄语学校学习俄语，打下了一定的俄语基础。后来，他下苦功夫进一步强化俄语，因而精通俄语。阿拜·库南拜耶夫学以致用，大量接触和阅读了普希金、别林斯基、赫尔琴、车尔尼雪夫斯基、谢德林、涅克拉索夫、陀思妥耶夫斯基、屠格涅夫等俄罗斯经典作家作品，受到了这些作家和诗人及其作品的深刻影响和熏陶；同时，他也通过俄语译本阅读了歌德、拜伦等诗人的诗歌作品，斯宾诺莎、斯宾塞、路易斯、达尔文、笛卡尔、约翰·威廉·德雷珀等哲学家和科学家的作品。

这使他极大地拓展了思维空间，开阔了视野，活跃了思想，升华了境界。

正是由于学贯东西、海纳百川、广采博纳的知识结构，使阿拜·库南拜耶夫自然获得一种全新的思维视角和思维方法，获得了用新的观点、观念看问题，观察社会生活和民族文化的新的方法。这是一种现代意识，而反思则是现代意识必不可少的主要内容或元素之一。日本著名学者中村元说过这样一句名言："哲学家们的思维方法不可能完全脱离民族或历史传统。但是，另一方面，一位伟大的哲学家所遵循的思维方法常常不同于他的本民族的思维方法。事实上常常正是由于这一原因，一位哲学家才被人认为是伟大的。"[1]正是在此意义上，阿拜·库南拜耶夫的思维方法

[1]［日］中村元：《东方民族的思维方法》，浙江人民出版社1989年版，第11页。

远远超越了本民族传统和与他同时代的思想者。譬如说，他从纵与横两个方面将本民族与其他民族，甚至与世界先进民族加以比较，这使他产生了强烈的紧迫感和危机感。同时，他的这种忧国忧民的紧迫感和危机感、忧患意识升华为清醒的理性的文化反思意识、批判意识或民族文化自省意识。

阿拜·库南拜耶夫站在了时代的前沿，以高度的使命感和责任感，对当时哈萨克斯坦的社会生活和对本民族的悲惨处境进行了思考，探索如何将本民族从危机中拯救出来这一时代课题，这一课题成为他一生思考和探索的主题。对这一课题的深入思考和孜孜不倦地探索使他当之无愧地成为哈萨克斯坦伟大诗人、文化启蒙学者、思想家、哲学家、作曲家和翻译家，成为哈萨克斯坦现代新文化和新的现实主义的现代书面文学的奠基者和旗手。

可以说，阿拜·库南拜耶夫是哈萨克斯坦乃至整个中亚近现代思想史上第一个真正获得现代意识的思想家、诗人和启蒙学者。在哈萨克斯坦乃至中亚近现代思想史上，只有阿拜·库南拜耶夫是真正深刻的。

综观阿拜·库南拜耶夫的创作——无论是其诗歌作品，还是其《阿拜阿拜箴言录》，都有一个鲜明的特点，那就是具有深刻的反思性。

《阿拜阿拜箴言录》的主题思想是文化反思，主旋律是民族的命运、发展与前途。

阿拜·库南拜耶夫首先努力促使本民族正确地、清醒地认识自己，树立自省意识，敢于面对现实，承认落后，同时义无反顾地、彻底地批判本民族的劣根性和传统文化的弊端，这在哈萨克族历史上是破天荒的第一次，正因如此，阿拜·库南拜耶夫被称为哈萨克斯坦乃至整个中亚近现代思想史第一个获得现代意识的思想家、诗人和文化启蒙学者；他认为一个民族只有真正地深刻地认识自己，才能根除民族劣根性，只有这样才能促使本民族得到根本改变。所以他才在其震撼人心的诗篇中,或者是在其振聋发聩的《阿拜阿拜箴言录》中，对本民族的劣根性进行义无反顾、激烈而彻底的批判和否定。阿拜·库南拜耶夫痛心疾首地指出：“我们哈萨克人在辨识敌友，自尊自信，创造财富，寻求技艺，认识社会等诸多方面，观念上不同于其他民族的人民。我们只会相互监视，伺机劫掠，永无宁日。世界上有超过300万人口的城市，更有多次游历全球的人。难道我们非得这样相互监视，心甘情愿地沦为世界民族中最没落的一员？不然哈萨克人也会有放弃相互劫掠，诈骗中伤，戕害他人的陋习，学会从正道创造财富，寻求技艺，过上繁荣富强日子的那一天？"[1]他认为摆脱落后，改变面貌的希望，或者说，民族的前途或摆脱危机的出路在于，在认识自己的基础上，打破封闭，弱化文化隔离机制，走向开放，成为开放的民族。只有成为开放的民族，才能成为一个有希望、有前途的民族。

阿拜·库南拜耶夫通过横向比较和摆事实、讲道理的方法来批判本民族中对相邻而居的各兄弟民族的传统偏见，提倡转变观念和开放意识，对本民族的传统文化进行理性反思和批判。在《阿拜阿拜箴言录》的第二篇中，阿拜·库南拜耶夫谈到：小时候常听人说哈萨克人一见到粟特人（古代民族，在哈萨克语中泛指中亚细亚一带商人）就讥笑他们；

---

[1]［哈萨克］阿拜·库南拜耶夫：《阿拜阿拜箴言录》，粟周熊、艾克拜尔·米吉提译，民族出版1995年版，第46页。

也讥笑诺盖人（哈萨克人对鞑靼人的称呼）；还笑话俄罗斯人。“听到这些话我觉得很有趣，也感到欣慰。‘我的天啊！’当时我不无自豪地思量，‘原来人世间最优秀、最高尚的民族还是我们哈萨克’。可是现在看看，没有粟特人不会种的庄稼，没有他们的商贩不曾到过的地方，也没有他们不会的手艺。在还没有归属俄国之前，哈萨克人从活人的衣服到死人的尸衣，都是由粟特人运来的。我们哈萨克人舍不得给自己的儿子的牲畜，结果被他们雇人成群地赶走。从属俄国以后，又是粟特人最先接受他们的新技术。他们既有远近闻名的巴依（富豪），也有博学多才的毛拉（对伊斯兰教学者的尊称）。他们既精明、干练，又很儒雅。再说诺盖人，他们一个个都是出色的战士，穷不志短、临死不惧。他们懂得爱护学校，尊重宗教，深谙致富之道，十分爱美，也会自享其乐。可我们哈萨克人，为了糊口只能给他们当长工。他们甚至把我们的巴依赶出家门，还说：‘这地板不是铺来让你的臭靴子踩的，出去，哈萨克！’。这一切均来自于他们竞相学习，不甘落后，务实苦干，奋发图强，从而获得如此实力。我们跟俄罗斯人就更无法相比，我们甚至不如人家的佣人。我们往日的炫耀、喜悦与讥笑又到哪里去了？”

阿拜·库南拜耶夫深知，19世纪的哈萨克族之所以落后，根本原因在于游牧生产方式和生活方式，在资本主义商品经济和工业革命蓬勃发展的历史条件下，传统的游牧生产方式和生活方式的落后性和弊端暴露无遗，形成一种鲜明的反差。他提出本民族要向定居民族学习，像这些民族那样从事定居农业生产、从事商品买卖，发展各行各业，学习致富之道，学习和掌握各种先进技术。在《阿拜箴言录》的第三篇中，阿拜痛切地谈到哈萨克族的劣根性：“为什么哈萨克人互相不和，彼此算计？为什么他们口是心非，一个个争权夺利而且懒惰成性？”接着，他深刻地指出：“这些都是因为人们只顾去多养牲畜而别无心思的缘故，如果他们也去务农、经商、习艺、钻研科学，就不会沦落到这一地步。”

阿拜·库南拜耶夫像所有的思想家和启蒙家学者一样，非常重视教育和科学知识对民族发展与繁荣的重要作用和意义。这无论是在阿拜·库南拜耶夫的诗歌作品中，还是在其《阿拜箴言录》中，都是一个突出的主题，占有十分重要的地位。在《阿拜箴言录》第10篇中，阿拜·库南拜耶夫指出："真主赐予你精力，是想让你用来学习科学，并且给了你足以掌握科学的智慧，可是不知道你用来干了什么……好，就算你终于发家致富了，你应该用你的富有去获得科学知识，不为自己，也该让孩子去学。没有科学知识的人，在后世和今世都没有他的位置。"在《阿拜箴言录》第32篇中，阿拜语重心长地谈到有志于研究科学和学问的人应当明了的6个前提条件：

第一，不要为了荣华富贵而去寻求科学与知识。要对科学和知识充满感情与渴求，以获取知识为最大的乐趣。每当获得新的知识，便会感到一种莫大的快慰与满足。

第二，学习科学，要以探求真理为目的，不能逞强好胜。

第三，确信你发现了真理，就要执着追求，宁折勿弯。

第四，在发展科学知识方面人们有两项武器：其一，相互探讨和交流；其二，共同维护和捍卫。要竭尽全力去加强这两项武器，否则科学难以进步发达。

第五，在本著第19篇中曾经谈及烦扰思绪的四种情况，应当远离之。其中一曰无所事事，萎靡不振。亲爱的，无论如何不要沾上它！它与真主之道，与人民、与国家、与理智和尊严，一切的一切都格格不入，更为有志者所不齿。

第六，科学和真理维系于人的品德。

他在《阿拜箴言录》第38篇中写道：“孩子并不会自己寻求科学和知识，起初需要采取一定的强制手段或诱导，使之逐渐产生兴趣，在学习过程中日渐变得自觉起来。直到何时他开始有了主动求知的欲望，方可称之为人。这时才可以指望他会去认知至高无上的主，亦即认识自己，认识世界，区分利弊，并且善于维护自己的人格，从而学习和掌握科学知识。”“应当说一个不了解世界科学的人，是在以一种愚昧的方式戕害自己……我们不是以出卖科学换取财富，而是用财富来支撑我们探寻科学。科技自身就是财富，学习科技本身就是在帮助他人……愚昧是指没有知识不懂科学。离开科学知识无法了解世界。人没有知识形同走兽。”在第41篇中说：“世上有无数学科，每一学科都有相应的专科学校，要让这些孩子分修这些不同的专科，并让这里的民众分担费用。甚至就连女孩子，起码也要送进伊斯兰学校，让她们精通宗教学识。”同时，他也非常重视生产和劳动的意义与价值。

对哈萨克族传统文化的批判与反思，在《阿拜箴言录》第5篇中，阿拜·库南拜耶夫通过对反映哈萨克族传统文化观念的谚语的批判而继续得以深化。此篇中，阿拜强烈批判了这样一些谚语：“有半日之命，就得敛一日之财”“两手空空，生父也会形同陌路人”“财富是人心头肉”“富人脸生辉，穷人脸生灰”“勇士与狼总在征途获得美餐”“勇士的财富在众人手里”“重礼总能打破戒律”“受礼者亦善于送礼”等等。他认为这些谚语表明，“哈萨克人并不关心和平、正义、科学、知识，只是热衷于为财富——畜群而操心，但又不知如何致富——获得这些畜群。只知道去从那些富足人家手中骗去，捧去……”

《阿拜箴言录》的其他一些篇目也有对传统价值取向的谚语的批判与否定。阿拜·库南拜耶夫站在时代的前沿和人类社会发展趋势的宽广视野，对哈萨克族的谚语进行批判与否定，而对于哈萨克族传统文化的优秀成分并没有进行过多的讨论和指点。这并不代表他对哈萨克族传统文化抱着虚无主义的态度，而是表明在历史的转折关头，对于本民族文化的任何赞美可能都会起到事与愿违的作用——不是惊醒，而是催眠的作用。这在他看来不利于民族的觉醒。

05 阿拜学超越民族

研究阿拜·库南拜耶夫的生平与创作及其影响是哈萨克文化、历史和文学研究范畴一个很重要的研究领域，它早已成为一门国际性的综合性学术研究领域和学科——阿拜学。

阿拜学始于20世纪初期，大型多卷本的《俄国——对祖国的完整描述》第18卷撰写的《哈萨克大地的历史命运及其文化成就》（1903年）一文中，著名学者、政论家、经济学家、文学家、翻译家阿·博克依罕诺夫（1870—1937年）用了很大篇幅介绍阿拜·库南拜耶夫及其创作，并指出他是哈萨克新文学的引领者。

1904年，阿拜·库南拜耶夫去世，阿·博克依罕诺夫用俄文撰写了介绍阿拜·库南拜耶夫生平的文章，发表在《塞米帕拉丁斯基报》。1909年，卡克泰·斯哈克乌勒（1869—1915年）在圣·彼得堡出版了阿拜·库南拜耶夫诗集，并为诗集撰写介绍阿拜生平与创作生涯的文章。还有很多的诗人、作家和学者发表诗歌和文章颂扬阿拜的业绩和对哈萨克现代文化的贡献。

著名学者哈·萨格迪（1889—1956年）在论文《阿拜》中对诗人阿拜·库南拜耶夫的诗歌的韵律、文本、技巧进行分析考证，深入探讨其特点与特色。1933年，穆赫塔尔·阿乌埃佐夫首次发表了科学系统的文章介绍阿拜·库南拜耶夫生平与创作生涯，从而奠定了这门学科研究的科学基础。

1940年和1945年，在纪念阿拜·库南拜耶夫诞辰95周年和100周年之际，苏联和哈萨克斯坦的媒体发表和出版了很多文章和论文、论著，阿拜学成为一个多学科的、综合性的研究领域。

根据哈萨克斯坦共和国阿拉木图市遗产出版社1995年出版的《阿拜百科全书·阿拜学》和2011年出版的《穆赫

塔尔·阿乌埃佐夫百科全书·阿拜学》，阿拜学的主要成果除数量众多的文章之外，还通过了答辩的7部博士论文，24部副博士论文，另外还出版了几十部专著和论文集等。

2017年，哈萨克斯坦著名地理学家、鸟类学家、生物学博士和学者、哈萨克斯坦作家协会会员鲍里斯·切尔巴科夫用哈萨克文和俄文出版了一部研究阿拜·库南拜耶夫的专著《吉德拜的草原之星》。这位学者在谈到这本书的写作时说："我为写这本书下了很大的功夫。我为什么要写关于阿拜的书？因为阿拜的伟大不可能用言语来表达。我努力沿着阿拜的足迹，向读者传递使他写出不朽之作的土地的神圣性。"

在中国，对哈萨克斯坦文学的介绍、翻译和研究以及出版中，阿拜·库南拜耶夫及其创作无疑占有首要和特殊的地位。

新中国成立后不久，中国就陆续发表了有关介绍阿拜·库南拜耶夫创作的文章，出版其作品。中国专门介绍世界文学的《译文》（后改为《世界文学》）1955年8月号上发表了哈萨克斯坦著名作家兼学者穆赫塔尔·阿乌埃佐夫的论文《阿拜的人民性和现实主义》，该刊同期还发表了新疆作家哈拜翻译的阿拜·库南拜耶夫的叙事长诗《伊斯坎德尔》。1959年中国青年出版社出版的《苏联作家谈创作经验》以及1957年新文艺出版社出版的《文艺理论译丛》（第二辑）分别收入了穆赫塔尔·阿乌埃佐夫的论文《我的历史小说》和《我的历史小说〈阿巴依〉和〈阿巴依的道路〉》。作者在这些文章中总结了以阿拜·库南拜耶夫的生平为题材的史诗小说的创作经验，对中国读者了解阿拜·库南拜耶夫的创作和思想，及其在哈萨克斯坦乃至在中亚思想文化界的历史地位和现实意义无疑很有作用。1958年，人民文学出版社出版了哈拜翻译的《阿拜故事诗》。1982年，新疆人民出版社出版了由哈拜翻译的《阿拜诗选》。1984年，新疆人民出版社出版了哈拜翻译的阿拜阿拜箴言录《阿克利亚》。1993年，民族出版社出版了哈拜翻译的《阿拜诗文全集》。

1993年，联合国教科文组织通过决议，为纪念阿拜·库南拜耶夫诞辰150周年（1995年），在世界各地开展纪念活动。1995年，《伊犁河》发表了中国哈萨克族著名作家艾克拜尔·米吉提翻译的《阿拜阿拜箴言录选录》，同年《读者文摘》第 11 期予以摘录。1995 年,民族出版社特出版了《阿拜阿拜箴言录》汉文哈萨克文对照版本，以及哈拜的论文集《阿拜研究文集》，粟周熊著《青格斯山上的三巨峰——阿拜、恰卡里姆、穆赫塔尔》。2003 年，民族出版社还出版了郑振东著《阿拜——哈萨克草原的北极星》。2015 年，为纪念阿拜诞辰 170 周年，民族出版社所属民族音像出版社出版了《阿拜阿拜箴言录》汉语、哈萨克语、维吾尔语有声读物，并于 2016 年 1 月在乌鲁木齐市举行了首发式。

阿拜 · 库南拜耶夫富于深邃的思想性和闪烁着智慧光芒的作品，尤其是以《阿拜箴言录》为代表的作品堪称振聋发聩、震撼人心，他们引起了人们特别是当代知识分子内心的强烈共鸣，不但在哈萨克斯坦和中亚以及其他很多国家，而且在我国新疆哈萨克族等民族中产生了广泛而深远的影响。

即使在今天，阿拜 · 库南拜耶夫作品的思想敏锐性，对我们当代世界都具有非常现实的借鉴意义、继承意义、启蒙意义和启迪意义。

民族特性的伟大描写者
——穆赫塔尔·阿乌埃佐夫

夏里甫汗·阿布达里

笔名夏里甫罕、夏然，哈萨克族，新疆人民出版总社原副总编辑、研究员。

20 世纪 50 年代初的一天，在巴黎一座公寓内，法国著名作家路易·阿拉贡（1897—1982 年）彻夜读完穆赫塔尔·阿乌埃佐夫的长篇小说，四卷本的《阿拜之路》。他激动万分，啧啧称赞：哈萨克斯坦作家穆赫塔尔·阿乌埃佐夫的《阿拜之路》是“20 世纪世界文学最优秀的作品之一”。

穆赫塔尔·阿乌埃佐夫（1897—1961 年），哈萨克斯坦著名作家，哈萨克科学院院士，生于今东哈萨克斯坦州阿拜县波利勒村。该村邻近阿拜家乡。自幼聪明好学的穆赫塔尔，年少时先后在谢米市的经文学校、俄语学校、5 年制财校和教师进修学校学习。1915 年在财校的最后一年，穆赫塔尔·阿乌埃佐夫撰写了其处女作《风暴》，此后进教师进修学校学习。期间，1917 年穆赫塔尔·阿乌埃佐夫创作了剧本《恩里克与克别克》，并于当年 6 月在沃依克迪克组织演出。此后他先后到列宁格勒大学和中亚大学求学，读本科和研究生。

在近半个世纪的文学创作和学术研究生涯中，穆赫塔尔·阿乌埃佐夫攀登了一座又一座文学与学术的高峰，成为哈萨克斯坦一代文豪兼学者。他在哈萨克斯坦 20 世纪的文化建设事业中占有举足轻重的特殊重要地位，在哈萨克斯坦文学史、阿拜学、世界三大史诗之一《玛纳斯》的研究等诸多领域颇有建树，起到了开拓者和先驱者的作用。当然，穆赫塔尔·阿乌埃佐夫的主要建树在文学创作领域。他的代表作、史诗性的长篇巨著《阿拜之路》成为哈萨克斯坦文学中的经典著作，被苏联在20世纪七八十年代推出的大型精品出版物《世界文学经典文库》收录。此外，他还著有《悲惨的岁月》等一系列富于特色、遐迩闻名、脍炙人口的长篇、中篇和短篇小说以及大量的剧作、译作和学术成果。穆赫塔尔·阿乌埃佐夫的代表作被译成包括中文在内的世界一百多种语言文字。应该说，研究哈萨克斯坦文学，不能不研究穆赫塔尔·阿乌埃佐夫及其创作。

1997—2014年，哈萨克斯坦共和国原科学院所属文学与艺术研究所编纂出版了穆赫塔尔·阿乌埃佐夫50卷本全集。他于1949年和1959年获得前苏联最高文学奖斯大林文学奖和列宁文学奖，也是首次当选哈萨克斯坦共和国科学院院士的哈萨克斯坦作家。

01 非凡的文学人生

穆赫塔尔·阿乌埃佐夫于1897年9月27日生于今哈萨克斯坦共和国东哈萨克斯坦州阿拜区波利勒村。穆赫塔尔的爷爷阿乌艾佐是个有文化的人，对阿拉伯、波斯文学和中亚各民族文学较为熟悉，对本民族文学当然更熟悉。穆赫塔尔从小时候爷爷就教会他识文断字。1908年，穆赫塔尔被送到在谢米市的卡玛利定哈孜列德经文学校学习，之后在俄语学校预科班学习，1910年进入谢米市5年制的俄语财经学校学习。在该校学习的最后一年，穆赫塔尔·阿乌埃佐夫撰写了其处女作《风暴》。1915年他从财经学校毕业后，进入谢米市的教师进修学校学习。在校学习期间，穆赫塔尔根据诗人夏卡里·胡达依拜尔迪（1858—1931年）的叙事长诗《非法的惩罚》写作了剧本《恩里克与克别克》。并于1917年6月在沃依克迪克进行了演出。

1917年爆发的俄国十月革命对穆赫塔尔·阿乌埃佐夫的创作产生了很大的影响。他在谢米市参与了阿拉希青年联盟组织的成立及活动。他与作家朱素普别克·阿依毛托夫（1889—1931年）合作撰写的第一篇文章《哈萨克的别样性格》发表于1917年3月10日的《阿拉希报》。他参加了于1918年5月5—13日在鄂木斯克召开的全哈萨克青年代表大会，并当选为该组织中央执行委员会成员。不久，穆赫塔尔与作家朱素普别克·阿依毛托夫一起，在谢米市创办了刊物《阿拜》。1919年，穆赫塔尔从教师进修学校毕业。同年12月4日，谢米市成立省政府。穆赫塔尔被任命为省政府所属哈萨克管理部门主任和《哈萨克语言报》负责人。1922年，他作为旁听生进入塔什干大学学习，同时在该市出版的《启明星》和《意识》等期刊兼任编辑工作。期间，他在这些刊物发表了《草原景色》《草原故事》《结婚》《有学识的公民》《谁之罪》《时代的骄子》等一系列短篇小说。

1925年6月，穆赫塔尔·阿乌埃佐夫转入国立列宁格勒大学（现在的圣彼得堡大学）社会科学系语言文学专业学习，1924—1925年被分配到谢米市师范学校任教。期间他创办了刊物《晨》，并发表了《无辜的女孩子》《不幸的美人》《老旧的阴影》《恶霸》等短篇小说。1925年，穆赫塔尔·阿乌埃佐夫又回到列宁格勒大学，继续其学业。1926年夏天，他来到谢米地区进行田野调查，在此基础上完成专著《哈萨克文学史》并于1927年出版。1927年夏天，他前往七河流域，与著名诗人伊利亚斯·占苏古洛夫（1894—1938年）一起搜集大量创作素材。回到列宁格勒大学后，他在此次搜集素材的基础上完成了中篇小说《卡拉什—卡拉什事件》，长篇小说《艰难的岁月》和剧本《汗王克涅》等作品。

1928年，穆赫塔尔被录取为中亚大学研究生，同时兼任哈萨克教育学院教师。因苏联肃反扩大化，他与一批知识分子一起于1930年9月16日被逮捕，1932年4月被判刑3年，同年6月被释放，到哈萨克师范大学任高级教师。在此期间，穆赫塔尔发奋写作，发表了很多有关戏剧艺术和剧本创作、文化艺术、文学、民间文学史、俄罗斯文学经典作家的介绍和研究等方面的文章和作品。1936年他参加了在莫斯科举办的哈萨克文化旬活动。1940年根据他创作的剧本拍摄了电影《拉依汗》。

20世纪30年代，穆赫塔尔·阿乌埃佐夫构思并着手准备写作其代表作、长篇史诗小说《阿拜》，1941 年完成创作，1942 年出版。这部长篇小说的出版被认为是哈萨克斯坦文化生活中的一件具有划时代意义的大事，引起广泛讨论。1946 年作者完成了此部长篇小说的第 2 卷，并于 1947 年出版。1950 年出版了该长篇小说的第 3 卷。这一卷出版的书名为《诗人大哥》，后来改为《阿拜之路》。

1943 年 9 月起，穆赫塔尔·阿乌埃佐夫在哈萨克斯坦共和国最高学府哈萨克国立大学哈萨克文学教研室任教授，直到去世。

第二次世界大战期间，穆赫塔尔·阿乌埃佐夫创作了剧本《考验的时刻》（1941 年）、《荣誉近卫军》（与作家阿里加帕尔·阿比舍夫合作）、《亮剑》，歌剧《阿拜》的歌词（1944 年）及以电影《阿拜的歌》的脚本（1945 年）。

1946 年，哈萨克斯坦共和国科学院成立，穆赫塔尔·阿乌埃佐夫被选为哈萨克斯坦共和国科学院院士（颁发第一号院士证），同时被授予语文学博士学位和教授称号。

1953 年 4 月，穆赫塔尔·阿乌埃佐夫到国立莫斯科大学任教，教授《苏联各民族文学史》。1954 年回到阿拉木图市，并最终完成、出版了鸿篇巨著、长篇史诗《阿拜之路》四卷本。

作为著名作家和社会活动家，穆赫塔尔·阿乌埃佐夫曾到20多个国家进行访问，在很多国际场合就人类社会的发展、精神文化领域的合作等议题发表了自己的见解。1955年，他作为荣誉贵宾出席德意志民主共和国作家代表大会；同年到印度访问40天；1956年作为苏联代表团成员到捷克斯洛伐克共和国访问；参加在日本举行的国际反对原子弹和氢弹试验第三次会议。1958年，他作为组织者之一，参加了在塔什干举行的亚非拉作家第一届代表大会；1960年访问美国；1961年第二次访问印度。

1955—1957年，穆赫塔尔·阿乌埃佐夫的作品六卷本选集出版。

1957年，在哈萨克斯坦共和国和莫斯科举行了穆赫塔尔·阿乌埃佐夫诞辰60年周纪念活动。

1961年6月27日，穆赫塔尔·阿乌埃佐夫在莫斯科因病医治无效去世，享年64岁。遗体运回阿拉木图安葬。

他去世后，哈萨克斯坦共和国政府决定，哈萨克斯坦共和国科学院文学与艺术研究所以穆赫塔尔·阿乌埃佐夫命名；1963年在其住宅中建立博物馆及纪念碑。哈萨克斯坦共和国剧院和阿拉木图市、阿斯塔纳市、谢米市和其他很多城市、县区、城镇都有街道以穆赫塔尔·阿乌埃佐夫的名字命名。原南哈萨克斯坦州综合性国立大学以穆赫塔尔·阿乌埃佐夫命名。各州、直辖市有几十所学校以其名字命名。

1967—1969年，穆赫塔尔·阿乌埃佐夫作品集（1—12）出版；1979—1986年，穆赫塔尔·阿乌埃佐夫20卷本作品集出版。1997年，穆赫塔尔·阿乌埃佐夫诞辰100周年前夕，哈萨克斯坦共和国政府专门通过了关于出版《穆赫塔尔·阿乌埃佐夫50卷本全集》（科学院版本）的决议。《穆赫塔尔·阿乌埃佐夫50卷本全集》由原哈萨克斯坦科学院穆赫塔尔·阿乌埃佐夫文学艺术研究所主编，哈萨克斯坦的时代出版社和丝绸之路出版社于1997—2014年完成出版。

1997年6月4日，在法国巴黎联合国教科文组织总部举行了《穆赫塔尔·阿乌埃佐夫——民族特性的伟大描写者》的国际性学术研讨会，此次研讨会的论文集于1998年由哈萨克斯坦发展研究所组织，分别用英文、俄文和哈萨克文出版。1997年9月22—28日在阿拉木图市举行了《穆·阿乌埃佐夫与20世纪世界文学》学术理论研讨会等一系列活动。会议论文由哈萨克斯坦共和国科学出版社以《穆·阿乌埃佐夫——20世纪伟大作家和人道主义者》为名结集出版。

02 阿拜的影响和《阿拜之路》

1904年，在阿拜·库南拜耶夫去世前夕，阿乌埃佐老人琢磨着带孙子穆赫塔尔到邻村看望他家，殷切希望孙子能够得到阿拜这位远近闻名的智者的祝福。按照哈萨克人的说法，好男儿只有得到德高望重的长老、智者的“巴塔”（祝福）才能梦想成真，事业才能圆满、道路才能顺利、生活才能幸福。阿乌埃佐老人对7岁的孙子格外器重，因为他看出孙子天资聪颖。

这次拜访，不仅得到阿拜·库南拜耶夫的真诚祝福，更为重要的是，在其日后的学习、探索和成长道路上，在其几十年的创作生涯中，穆赫塔尔·阿乌埃佐夫自始至终都受到了哈萨克伟大启蒙思想家、诗人阿拜·库南巴耶夫的影响。或者说，没有阿拜·库南巴耶夫就没有穆赫塔尔·阿乌埃佐夫。这种影响，首先就是阿拜·库南巴耶夫的启蒙思想的影响。穆赫塔尔·阿乌埃佐夫不仅是一位小说家、剧作家和学者，更是一位文化启蒙家，一位教育家。这不仅体现在他一生的追求和探索中，启蒙和教育生涯中，也体现在其诸多内涵丰富、数量众多、体裁多样的作品中。

他发表于1917年3月10日的文章《哈萨克的别样性格》（与作家朱素普别克·阿依毛托夫合作）；1918年发表的《哈萨克现状》（《阿拜》1918年第9期）等文章都充满了理性反思的精神，以及启迪民智的忧患意识和思想。他的作品尖锐批判了当时存在的愚昧无知、满足现状、不思进取、勾心斗角等恶习和劣根性；分析探讨这些问题产生的社会经济根源以及克服的途径等。

他在1917年发表的《人性的基础——妇女》中探讨了

妇女解放的问题。他提出，妇女的解放不仅对作为一个特定个体来说是一种必须的条件，而且对以妇女作为生存基础的人类社会亦是必须的条件。他将妇女作为人类社会存在的基础和核心要素或条件、前提来看待。所以他认为不能给予妇女平等地位不仅对妇女是一种犯罪，也是对人类社会的一种犯罪。他进而指出：“笼罩在妇女头上的乌云不能消散，人性幸福的太阳就不可能微笑着照耀人间。而哈萨克如果你不心甘情愿落后，那么你就要端正你的教育，扶正你的摇篮。而要扶正摇篮，就必须改善妇女的地位。”[1]

穆赫塔尔·阿乌埃佐夫毕生都非常看重教育在民族发展、进步与繁荣中的重要作用和不可替代性。他认为哈萨克要生存和发展，就必须摆脱落后，跻身世界先进民族之林。而要跻身世界先进民族之林，首先必须要重视教育。将教育与解放妇女相联系，妇女是成败的关键。他的那句既朴素又富含哲理的名言“扶正摇篮”，指的就是首先要搞好广义的教育、

[1] C·A·哈斯哈巴索夫：《穆赫塔尔·阿乌埃佐夫百科全书》，遗产出版社，2011年，第140页。

重视教育，把教育放到头等重要的位置。教育得到重视和发展，民族才有希望，才会有光明的未来。这种思想和认识贯穿其一生。他在很多文章以及讲话中都从不同的角度反复强调和说明教育，包括对妇女的教育的极端重要性。

1917 年，穆赫塔尔·阿乌埃佐夫在发表于《萨尔阿尔哈》报的一篇文章中，就呼吁其同代人发奋努力，千万不要虚度光阴，做能将民族带向接受教育、掌握知识的人。他与作家朱素普别克·阿依毛托夫一起创办刊物《阿拜》，1918 年第 11 期在《阿拜》发表题为《教育之事》的文章中，穆赫塔尔·阿乌埃佐夫谈到，哈萨克要摆脱愚昧落后、实现发展、获得进步和繁荣，发展教育是必由之路。这是一条宽广的道路。他痛心疾首地谈到了当时在发展民族教育、建设学校、培养师资力量等事关民族前途的百年大业、千年大业的教育事业中存在的问题、瓶颈和困难，并提出诸多具体建议……穆赫塔尔·阿乌埃佐夫的文章不仅具有启迪性和前瞻性，也是着眼于现实状况，具有一定操作性。

1919—1921 年，穆赫塔尔·阿乌埃佐夫在担任谢米省执行委员会副主席、主席期间，在谢米市出版的《哈萨克语言》报上接连发表了几篇关于发展教育事业为主题的文章。1922 年 8 月 27 日，他发表公开信，对各地有关机构、部门的一些受过教育、有文化的工作者对帮助民众脱盲、发展教育事业漠不关心和不作为提出批评。

穆赫塔尔·阿乌埃佐夫从 1934 年直到生命的最后都在哈萨克斯坦高校任教，为教育事业倾其毕生精力，这也体现了这位作家对启蒙和教育事业的高度重视和热爱。

1930 年，根据哈萨克斯坦教育委员会的决议，编撰出版了《哈萨克青年农牧民学校教学大纲和使用说明书》，其中的有关文学课程的内容由穆赫塔尔·阿乌埃佐夫和著名作家贝依姆别特·麦林（1894—1938 年）、学者阿里开·玛尔胡兰（1904—1985 年）合作编撰，提出青年农牧民三年学习应涉及的范围和内容，以及哈萨克文学史分期问题。从 1930 年代起直到逝世，他作为作家兼学者、教授和院士，为哈萨克文学史等学科建设奠定了牢固的基础，做出了巨大贡献。开设、编写并亲自教授《哈萨克民间口头文学史》《哈萨克文学史》《哈萨克阿依特斯（即兴诗歌创作艺术）》《兄弟民族文学史》和《阿拜学》等课程。

穆赫塔尔·阿乌埃佐夫作为启蒙学者和教育家，其启蒙思想和理想融入并体现在其代表作《阿拜之路》中。应该说，阿拜之路实际上就是阿拜为哈萨克民族指明的道路，是穆赫塔尔·阿乌埃佐夫通过阿拜的形象认同和指明的道路，也是哈萨克这个民族应该走的道路——走教育自救的道路，成为一个开放的民族、学习的民族、富于知识的民族、善于掌握人类一切文明成果的民族、有决心有能力跻身世界先进民族之林的民族。

虽然，穆赫塔尔·阿乌埃佐夫在小说、剧作、翻译、学术等多领域勤奋耕耘，收获颇丰。然而，他首先是一位杰出的小说家，他在20岁就写下了许多特色鲜明、不拘一格的短篇小说。1921年，他在刊物《红色哈萨克斯坦》第3、4期发表了短篇小说《无助者的命运》。1922年进入塔什干大学学习期间，穆赫塔尔在该市出版的《启明星》和《意识》等期刊发表了《草原景色》《草原故事》《结婚》《有学识的公民》《谁之罪》《时代的骄子》等一系列富有特色的短篇小说。20世纪30年代他创作中篇小说《卡拉什—卡拉什事件》，长篇小说《悲惨的岁月》等有分量的作品，引起世界文学研究者的关注，并给予高度评价。

俄罗斯著名学者、莫斯科大学教授尼古拉·阿纳斯塔耶夫（1940年—）在其2006年由青年近卫军出版社作为名人传记丛书之一出版的《胜利的悲剧》一书中将穆赫塔尔·阿乌埃佐夫20世纪20—30年代创作的一系列动物题材的小说与杰克·伦敦（1876—1916年），马克·吐温（1835—1910年）等西方经典作家的作品进行比较研究。作者对穆赫塔尔·阿乌埃佐夫的《无助者的命运》《悲伤的美人》《谁之罪》《旧事的阴影》《鹰人》《人质》《艰难的岁月》《卡拉什—卡拉什事件》等小说进行分析。这些作品主要是反映草原文明、草原文化的终结与解体的现实。实际上，它构成了穆赫塔尔·阿乌埃佐夫早期创作的主题和主要内容。尼古拉·阿纳斯塔耶夫将穆赫塔尔·阿乌埃佐夫的《阔可赛里克》与威廉·福克纳（1897—1962年）的《熊》，杰克·伦敦的《白牙》，列夫·托尔斯泰的《行客》进行比较，同时认为穆赫塔尔·阿乌埃佐夫笔下的哈萨克草原与波兰裔英国作家约瑟夫·康拉德（1857—1924年）笔下的《台风》《黑暗的心》中的海洋有异曲同工之妙。

他认为穆赫塔尔·阿乌埃佐夫的这些作品与西方上述作家的作品在构思、题材等方面各有千秋，相互辉映，就其整体艺术与内涵所构成的分量而言，毫不逊色，达到了并驾齐驱的水平。

最能体现和反映穆赫塔尔·阿乌埃佐夫的创作风格以及最高水平的作品是《阿拜之路》这部宏伟的长篇史诗小说。《阿拜之路》是穆赫塔尔·阿乌埃佐夫文学创作的代表作，也是给作家带来世界声誉的史诗性的长篇小说。这部长篇小说是哈萨克斯坦文学为世界文学贡献的一部经典，一部百科全书式的精品力作。这部四卷本的长篇小说以广阔的视角，宏伟的气势生动描写了哈萨克伟大诗人、思想家、启蒙学者阿拜·库南拜耶夫的一生，反映了阿拜·库南拜耶夫所生活的那个时代哈萨克的社会生活、生产方式、传统文化、风俗习惯、伦理道德、宗教信仰、价值观和追求、社会矛盾和冲突、爱情与婚姻。作者以举重若轻和富于力度的笔触，塑造了众多栩栩如生、血肉丰满的群像。

法国著名作家路易·阿拉贡认为《阿拜之路》是“20世纪世界最优秀的文学作品之一”。他认为这部长篇小说是两位伟人——诗人阿拜·库南拜耶夫和作家穆赫塔尔·阿乌埃佐夫融为一体的产物。而钦吉斯·艾特马托夫在谈到《阿拜之路》时认为：小说主人公“阿拜这位思想自由、理想高远、充满无限诗情和人性的人物与冷酷、愚昧而顽固的势力的冲突，作者通过罕见的创新和天衣无缝的纯粹艺术处理，使阿拜的悲剧形象成为世界悲剧形象的巅峰之作”[1]。这部史诗性的长篇小说的前两部《阿拜》创作出版于1942—1947年，后两部《阿拜之路》创作出版于1952—1956年。前两部于1949年获得前苏联国家文学奖——斯大林文学奖一等奖。整部四卷本史诗《阿拜之路》于1959年获得苏联最高文学奖——列宁文学奖。据报道，《阿拜之路》目前已经翻译成世界116种语言文字出版。穆赫塔尔·阿乌埃佐夫的这部享誉世界的鸿篇巨著被收入前苏联于1967—1977年以举国之力出版的200卷本的大型《世界文学经典文库丛书》（该丛书第134、135卷）。

[1] 哈萨克斯坦共和国，阿拉木图，《阿拜百科全书》，遗产出版社，1995年，第65页。

03 哈萨克现代戏剧文化的奠基人

穆赫塔尔·阿乌埃佐夫在戏剧创作领域也投入了很大的精力，不仅将世界很多经典戏剧作品翻译成哈萨克文，并帮助将它们搬上舞台，而且也创作了很多自己的戏剧作品，通过戏剧作品来反映哈萨克的社会生活。他从哈萨克丰富多彩的民间文学中吸取营养，同时学习借鉴西方和俄罗斯的优秀戏剧创作传统，创作了大量的富于哈萨克特点和时代色彩的戏剧作品，从而成为哈萨克斯坦现代戏剧文化的奠基人之一。

穆赫塔尔·阿乌埃佐夫创作了30多部戏剧作品，而从版本上来讲则有50多部。其戏剧作品包括了戏剧的所有形式和体裁，如悲剧、喜剧和正剧。其中有一些戏剧作品是与其他作家和剧作家合作，如与列·苏波列夫（俄罗斯作家，1898—1971年）合作的《阿拜》，与萨比特·穆卡诺夫（哈萨克作家，1900—1973年）合作的《阿汗—辎列雅》，与G·穆斯列泊夫（哈萨克作家，1902—1985年）合作的《出剑》，与阿·阿比舍夫（哈萨克作家，1907—2001 年）合作的《荣誉近卫军》等。穆赫塔尔·阿乌埃佐夫最早的戏剧作品是《恩里克与克别克》，这部作品 1922 年在欧伦堡出版。1943 年，作者对该剧做了较大修改。

在穆赫塔尔·阿乌埃佐夫的戏剧创作中，占有特殊地位的是戏剧《夜的声调》。这部戏剧作品在哈萨克戏剧创作中是一部具有重要突破性意义和现实主义深度的作品。在《十月》《博弈》等戏剧作品中，穆赫塔尔·阿乌埃佐夫探索和尝试使用多种现实主义的创作手法，而且取得了较好的艺术效果。

1934 年搬上舞台的悲剧《汗王克涅》被认为是一部具有高度艺术性的作品。这部戏剧中塑造了汗王克涅、纳鲁孜拜巴特尔、哈萨克和吉尔吉斯的比官等形象，历史的真实与艺术的真实得到了统一。与苏波列夫合写的悲剧《阿拜》，反映了阿拜晚年生活的悲剧。通过富于个性化的语言，塑造了阿拜的独特形象。

穆赫塔尔·阿乌埃佐夫为发展哈萨克斯坦的戏剧事业，为丰富戏剧文化的种类和形式进行了孜孜不倦、卓有成效的探索，譬如他创作了科学幻想体裁的戏剧《多斯—别德里多斯》，这部戏剧作品探讨这样一个有趣而深刻的问题，“如果一个人生活在不同的社会形态，会怎样”。

总而言之，穆赫塔尔·阿乌埃佐夫是一位富有创新和探索精神的勤奋的剧作家，他的戏剧作品同样创造了众多人物的生动形象或群像，为哈萨克斯坦的戏剧文化事业的发展做出了巨大的奠基性的贡献。他不仅以博采众家之长的开放精神孜孜不倦地研究、掌握西方和俄罗斯戏剧文化的真谛和精髓，而且将其代表性的作品翻译成哈萨克文，助力将其搬上舞台，同时，他从哈萨克绚丽多彩、浩如烟海的民间文学中汲取营养，从本民族的社会生活中提炼素材，创作了很多富于鲜明的民族特色和时代特征的戏剧作品，通过创造性的勤奋探索，为哈萨克斯坦的戏剧文化事业的发展繁荣做出了不可磨灭的贡献。

04 突出的学术和翻译成果

在穆赫塔尔·阿乌埃佐夫丰富多彩的遗产中，其学术成果尤其值得一提和特别关注。这其中包括在广泛搜集整理哈萨克民间口头创作的绚丽多彩的文学遗产的同时，对其进行科学的研究、在“哈萨克文学史”“阿拜的生平与创作”“文艺学与民间文学研究的理论与问题”等方面都做出了奠基性的、开创性的研究成果。

穆赫塔尔·阿乌埃佐夫自走进文坛起，在从事文学创作的同时也写作、发表文学批评和学术性的文章。他是在哈萨克文学研究领域最早就哈萨克文学史发表研究文章、编写教材的学者。作为这一领域的开拓者之一，穆赫塔尔·阿乌埃佐夫留下了丰富而宝贵的遗产。继1918年写作发表《阿拜的创作及贡献》《阿拜之后的诗人》等文章之后，穆赫塔尔·阿乌埃佐夫于20世纪20年代发表和出版了《红色雄鹰》（1922—1923年）、《教育家阿里腾萨林》（1923年）、《关于民间文学》（1924年）、叙事长诗《霍布兰德巴特尔》（1925

年)、《论戏剧和哈萨克戏剧》(1926年)、《当代哈萨克文学》(1927年)等文章和《哈萨克文学史》等书。从此，穆赫塔尔·阿乌埃佐夫一直在哈萨克民间口头文学、哈萨克书面文学史等领域辛勤耕耘。他从一开始就认为文学史应该与民族的历史紧密结合起来进行研究，在研究哈萨克民间文学方面，他将其分成以下几类：习俗类诗歌，叙事类诗歌（包括英雄故事与传奇、民族史诗、长诗），阿依特斯（即兴对唱）、歌谣，民间故事、谚语、格言。

穆赫塔尔·阿乌埃佐夫在其此后的学术研究中，对上述分类和有关观点、研究进行了修正、深化、补充、充实。20世纪30年代后期，穆赫塔尔·阿乌埃佐夫与列·苏波列夫合作写作发表了专著《哈萨克民族史诗与民间文学》。1948年和1960年主持并主编《哈萨克文学史》(第一卷第一册)。

穆赫塔尔·阿乌埃佐夫对哈萨克民间口头文学、习俗诗歌、叙事长诗、阿依特斯等类别从其特点、内容、功能、作用进行了分类、归纳和具体分析，涉及了大量的作品，为这方面的研究奠定了重要的基础。

穆赫塔尔·阿乌埃佐夫对世界三大史诗之一《玛纳斯》研究也做出了贡献，是《玛纳斯》学的奠基者之一。穆赫塔尔·阿乌埃佐夫早在中亚大学学习期间就开始了《玛纳斯》研究。1930 年，他到吉尔吉斯斯坦首都伏龙芝（现在的比什凯克）学术考察，此后不断用哈萨克文和俄文发表研究成果。例如，1936 年在《哈萨克文学报》发表了《吉尔吉斯史诗——〈玛纳斯〉》,1938 年在《哈萨克斯坦真理报》（俄文版）发表《吉尔吉斯人民的英雄史诗——〈玛纳斯〉》，后来用俄文写出了大型学术专著《吉尔吉斯英雄史诗——〈玛纳斯〉》，这部专著收录于作者的文集《岁月沉思录》（1959 年），以及 1975 年在莫斯科出版的五卷本选集等中。

一个成熟而成功的作家、学者，其创作和研究可能会涉及很多领域，但可以肯定的是，他必定有一个贯穿一生的主题与领域。阿拜和阿拜研究就是穆赫塔尔·阿乌埃佐夫一生追求的主题。穆赫塔尔·阿乌埃佐夫从小受家人影响，六七岁就能背诵阿拜·库南拜耶夫的不少诗歌作品，从小受到阿拜·库南拜耶夫诗歌的熏陶，从其诗歌中汲取营养。他不仅 20 岁刚出头就与作家朱素普别克·阿依毛托夫合作创办文学刊物《阿拜》，而且还写出并发表《阿拜的创作》《阿拜之后的诗人》等富于独到见解的文章。在 1922—1923 年发表于《启明星》的题为《当代哈萨克文学》一文中，用大量的篇幅探讨阿拜·库南拜耶夫的创作，并用分期法将哈萨克文学史分为阿拜之前时期和阿拜之后时期。穆赫塔尔·阿乌埃佐夫发表了很多有关阿拜·库南拜耶夫这个主题的作品，除文学作品、电影剧本、歌剧之外，还发表了大量学术研究文章和专著等。1933 年、1939—1940 年、1945 年和 1955 年，穆赫塔尔·阿乌埃佐夫主编并出版阿拜作品集，其中有近一半的资料是由穆赫塔尔·阿乌埃佐夫搜集整理的。他孜孜不倦地研究阿拜的创作，在大量艰苦细致的调查研究基础上撰写了有关其生平与创作年谱的专著，并对此进行了 4 次较大修改补充。他还撰写了 40 多篇关于阿拜·库南拜耶夫创作的论文和一部专著《阿拜·库南拜耶夫》（1959 年出版），对阿拜·库南拜耶夫的创作进行了比较全面、深入的研究。在这部专著中，穆赫塔尔·阿乌埃佐夫对阿拜·库南拜耶夫作品产生的影响，阿拜诗歌创作学派的形成及特点，对阿克里拜（1861—1904 年）、玛高雅

（1870—1904 年）、阔克拜（1864—1927 年）等诗人的影响，从诗学、题材、形式和内容等方面进行了分析探讨。

总而言之，穆赫塔尔·阿乌埃佐夫对阿拜·库南拜耶夫的研究为"阿拜学研究"奠定了坚实基础，做出了奠基性和开拓性的贡献。

在穆赫塔尔·阿乌埃佐夫丰富而珍贵的文学创作遗产当中，文学翻译亦占有相当重要的地位。

早在 1918 年，穆赫塔尔·阿乌埃佐夫就翻译并在刊物《阿拜》第 1 期发表了列夫·托尔斯泰的短篇小说《布达》。1924 年在列宁格勒大学学习期间，他又翻译出版了尤·瓦格纳的《地球的故事》一书。

20 世纪 30 年代，穆赫塔尔·阿乌埃佐夫曾担任哈萨克艺术剧院文学部主任，积极从事文学翻译活动，翻译了世界和俄罗斯古典剧作家及苏联著名剧作家的很多代表性剧作，并帮助剧院依据剧本用哈萨克语进行演出。例如，1933 年翻译了普拉特的剧本《残暴的国王罗斯特罗波》，1934 年翻译出版了 A·阿菲戈诺夫的戏剧作品《恐惧》，1936 年翻译了波戈金的《贵族》、果戈理的《钦差大臣》，1937 年 11 月翻译了克·特若涅夫的剧本《柳博弗·亚洛娃雅》、莎士比亚的《奥赛罗》，1943 年翻译了《驯悍记》等。他翻译的很多剧作家的代表性戏剧作品在哈萨克斯坦共和国一级以及州一级的剧院进行演出，成为很多剧院的保留节目。穆赫塔尔·阿乌埃佐夫翻译的这些戏剧作品，为哈萨克斯坦共和国戏剧事业作出了巨大贡献，依据这些剧本的演出是哈萨克斯坦共和国戏剧发展史上的标志性事件，具有里程碑意义。

除上述剧本之外，穆赫塔尔·阿乌埃佐夫还翻译了很多世界文学经典小说，譬如，列夫·托尔斯泰的《婚礼之后》（1931 年）、《布里卡》（1936 年）、A·契诃夫的《露卡斯卡》、杰克·伦敦的《狼》（1936 年）等短篇小说，以及屠格涅夫的长篇小说《贵族之家》（1952 年）。

在这些文学翻译作品中，最重要、最值得一提的是穆赫塔尔·阿乌埃佐夫翻译的屠格涅夫的代表作之一《贵族之家》。在创作风格上，穆赫塔尔·阿乌埃佐夫深受屠格涅夫的影响。他对文学研究专家伊·布尔阿根斯基（1905—1990 年）说："也许您会就俄罗斯文学对我的创作的影响进行探讨。这种影响是事实，而且是巨大的。当然，您会提到M·高尔基、列·托尔斯泰的影响，都有道理。但是，你们知道对我影响最大，使我获益最大的作家是谁吗？是屠格涅夫。文学创作上的影响并不是一般的东西。有些人认为它是纯粹的思想源泉，是能够抓到手上的看得见的东西，从而将影响和模仿混为一谈。影响是创作上学习的结果。它产生于创作主体内心的深处,扎根于作家的内心世界，并成为作家的第二特性，从而获得它固有而独特的存在形式，它并不是一个显而易见的存在。对我而言，屠格涅夫就是这样的一个存在。从我年少时他就是我的最爱，我无比仰慕他，将他放在心中崇高的位置。”[1]

出自穆赫塔尔·阿乌埃佐夫之手的《贵族之家》哈萨克文译本是哈萨克斯坦文学翻译史上具有里程碑意义的成功范例和经典范例，是伟大作家翻译伟大作家的伟大作品的伟大范例。

穆赫塔尔·阿乌埃佐夫在文学翻译中有着丰富的实践，

---

[1] C·A·哈斯哈巴索夫：《穆赫塔尔·阿乌埃佐夫百科全书》，第584页

他对这些实践进行的比较系统的总结和理论概括，在前苏联文学界和翻译界得到普遍承认并给予高度评价。1954年，他根据前苏联作家协会的安排，与一些前苏联作家合作，为苏联作家协会第二次代表大会撰写了《苏联各民族文学翻译》的报告，总结了前苏联作家协会第一次代表大会（1934年）以来的文学翻译实践。穆赫塔尔·阿乌埃佐夫在其有关文学翻译的理论文章《文学翻译的若干理论问题》《关于〈贵族之家〉的翻译问题》《普希金作品哈萨克文翻译的经验》等文章中，对文学翻译实践从理论和实践的视角进行了精辟的总结和概况，提出了很多富有实践意义和价值的独到见解和观点。

05 / 穆赫塔尔学和穆赫塔尔研究

穆赫塔尔学，是研究穆赫塔尔·阿乌埃佐夫的生平、创作以及他的社会活动及实践、创作遗产等相关问题的文学研究领域的学科。阿乌埃佐夫学被分为三个阶段。第一阶段（1917—1940 年）是早期阶段，也是这一学科刚刚产生的阶段。在这一阶段，穆赫塔尔 · 阿乌埃佐夫作为一个富有才华的小说家、剧作家、政论家和学者初崭头角。

在这一阶段，C · 穆卡诺夫在《记者报》（1925 年 10 月 2 日）、穆斯塔法在《劳动哈萨克》（1928 年 3 月 18 日）发表了对穆赫塔尔 · 阿乌埃佐夫的戏剧作品《恩里克与克别克》的研究文章；达尼亚里在《光明大道报》（1923 年 12 月 23 日）、刊物《意识》（1924 年第 2 期和 3 期）、哈 · 萨戈迪在《光明大道报》（1923 年 12 月 16 日）、斯玛古里在《劳动哈萨克报》（1926 年 1 月 31 日）等发表了对《大老婆与小老婆》的评论文章；朱素普别克 · 阿依毛托夫在《哈萨克语言报》（1922 年 4 月 22 日）撰文对穆赫塔尔 · 阿乌埃佐夫的短篇小说《无助者的命运》给予肯定。这些都成为最初的关于穆赫塔尔 · 阿乌埃佐夫研究的基础。尽管在 1920 年代末至 1930 年代初，出现了一股左倾的庸俗化的批评，这些批评指责穆赫塔尔 · 阿乌埃佐夫的创作是在为旧时代的富人阶层唱挽歌、赞歌……但这并未能阻止阿乌埃佐夫研究的发展，譬如 1917—1940 年，有关穆赫塔尔·阿乌埃佐夫创作的文章就有 140 多篇，其中绝大多数是以其戏剧创作为内容的。

第二个阶段与穆赫塔尔·阿乌埃佐夫的代表作、史诗性的长篇小说《阿拜之路》的发表和其有关阿拜学即阿拜研究学术成果直接相关，涵盖 20 世纪 40 年代到 50 年代末。1942 年长篇史诗小说《阿拜》（第 1 卷）出版后，立即引起了广泛关注。这部长篇小说被认为是哈萨克文学的重大收获和突破。B·肯节巴耶夫、叶·伊斯马伊洛夫、特·努尔塔孜英、哈比金·穆斯列泊夫等文学界和学术界名家发表了很多很有分量的文章，一致给予好评。1947 年，《阿拜》第 2 卷出版后，B·捷尔莫诺夫斯基、列·克里莫维奇、孜·凯德琳娜、M·菲提索夫、帕·斯卡斯尔耶夫等专家学者在苏联有影响的一些刊物发表了评论和研究阿乌埃佐夫创作的文章和论文。1957 年，关于《阿拜之路》的学术研讨会召开，会议论文以《〈阿拜之路〉——哈萨克首部长篇史诗小说》为名结集出版。

第三个阶段从穆赫塔尔·阿乌埃佐夫的作品被陆续翻译成世界各国、各民族的多种语言出版后到现阶段，也就是20世纪50年代末至今。这一时期，穆赫塔尔·阿乌埃佐夫及其创作在越来越多的国家成为日益关注与研究的对象。著名学者穆·卡拉塔耶夫、Z·卡布杜洛夫、Z·阿合麦托夫、A·努尔卡托夫、Z·凯德琳娜、厄·杜森巴耶夫、叶·莉祖诺娃、拉·别尔德巴耶夫、莱·阿乌艾佐娃等发表了从不同视角研究穆赫塔尔·阿乌埃佐夫的代表作《阿拜之路》的学术著作，以及上千篇用哈萨克文和外文撰写的学术论文和文章。关于穆赫塔尔·阿乌埃佐夫的戏剧创作，有诸多副博士、博士论文和学术专著。阿·尼山巴耶夫、A·泰依加诺夫发表了关于穆赫塔尔·阿乌埃佐夫的世界观和哲学观的学术专著；祝·詹佩索夫、M·巴拉卡耶夫、叶·别克土尔干诺夫、拉·斯孜德克娃等学者则对穆赫塔尔·阿乌埃佐夫创作的语言风格、特点和对丰富发展哈萨克文学语言宝库的贡献等领域进行了专题研究，出版了专著；而卡·加里克巴耶夫、哈·叶斯巴耶夫、A·泰依加诺夫等学者则对穆赫塔尔·阿乌埃佐夫创作中的心理学、美学进行了专题研究；卡·斯德科夫则对作家作品的哲言进行探讨。

穆赫塔尔·阿乌埃佐夫的遗产有两个高峰，一个是文学创作领域的代表作长篇史诗小说《阿拜之路》，另外一个是在学术研究领域的关于阿拜·库南拜耶夫的研究。

穆赫塔尔·阿乌埃佐夫的学术研究成果，如关于哈萨克民间口头文学、关于《玛纳斯》和阿拜学研究，产生了对这些学术研究的学术著作以及上百篇学术论文。从事这方面研究的学者有 M·米尔扎克麦德等。

穆赫塔尔·阿乌埃佐夫作为有影响力的著名作家，对中国非常友好。例如，1950 年 2 月 14 日，中华人民共和国与苏维埃社会主义共和国联盟（前苏联）签订了历史性的《中苏友好同盟互助条约》。2 月 22 日的前苏联《文学报》分别发表了穆赫塔尔·阿乌埃佐夫等三位著名人士的文章。穆赫塔尔·阿乌埃佐夫在其《两个大国的重要步骤》的短文中，对中苏友好条约的签订给予高度评价，认为这是 1917 年开始的史诗篇章的最新一页，具有里程碑意义。两个大国之间签订的友好条约意义重大。这也体现了这位作家登高望远的战略眼光和对中国的友好情谊。

穆赫塔尔·阿乌埃佐夫作为哈萨克斯坦的一代文豪和文化名人，虽然中国对其创作的研究和很多重要作品的翻译介绍还不尽如人意，但还是有一定的影响力和知名度。穆赫塔尔·阿乌埃佐夫的许多作品其中包括代表作《阿拜之路》和中短篇小说集以及有关文学研究方面的文章用哈萨克文等文种在中国出版和发表，其中《阿拜之路》多次再版。而至于汉文译本，目前中国出版了锡伯族翻译家哈拜、高顺芳合作翻译的汉文版本《阿拜之路》，由民族出版社于1997年出版。目前中国还有人正在将这部史诗性的长篇巨著重新翻译成中文出版。这将会成为中哈文化交流和文学交流史上具有里程碑意义的重要事件。

早在20世纪40年代和50年代，中国一些重要报刊就发表了介绍这位著名作家的文章。例如1949年《小说》发表了金强的《四部获得斯大林文学奖金一等奖的作品（〈阿巴依〉）等》；1959年6月16日《广州日报》发表了李裕的《阿乌埃佐夫——1959年列宁文艺奖金获得者之一》一文；1958年《苏中友好》发表了彼得罗夫的题为《哈萨克最出色的作家——奥埃佐夫》的文章；专门介绍世界文学的《译文》（后改为《世界文学》）于1955年8月号发表了哈萨克斯坦著名作家兼学者穆赫塔尔·阿乌埃佐夫的论文《阿拜的人民性和现实主义》。穆赫塔尔·阿乌埃佐夫的创作谈《我的历史小说》收入《苏联作家谈创作经验》一书，1956年由中国青年出版社出版；穆赫塔尔·阿乌埃佐夫的文章《我的历史小说〈阿巴依〉》和《阿巴依的道路》被收入新文艺出版社1957年出版的《文艺理论丛书》第二辑中。

2007年，哈萨克斯坦欧亚大学教授、博士杜坎·马斯木汗出版了一部比较文学范畴的学术著作《穆赫塔尔·阿乌埃佐夫与鲁迅》，由哈萨克斯坦共和国阿拉木图市的儿童文学出版社出版。这部学术著作具有很高的双向文化交流、文学交流与学术交流价值与意义，同时也是一部令人耳目一新、选题全新、具有开拓性价值和开创性意义的学术著作，更是中哈文学比较研究的第一部学术专著，对促进中哈两国人民的民心相通、增进两国人民的友好，对两国文化界、学术界的交流与沟通，相互理解与增进友谊都具有重要的作用与意义。

这部专著的作者杜坎·马斯木汗，哈萨克斯坦汉学家、诗人和翻译家，毕业于北京中央民族大学民语系，20世纪90年代移民哈萨克斯坦共和国，翻译了鲁迅等中国作家的作品。

他现为哈萨克斯坦欧亚大学东方学教研室主任，2003 年起任哈萨克斯坦共和国总统所属咨询机构民族协商委员会委员。

2013 年 9 月，习近平主席在哈萨克斯坦共和国纳扎尔巴耶夫大学提出建设“丝绸之路经济带”的宏伟构想时，讲到“五通”之一就是“民心相通”。毋庸置疑的是，文化交流、学术交流、文学交流对于促进民心相通的意义与作用是十分巨大的，更是无法替代的。随着两国之间友好合作关系的不断加强和深化，两国之间的文化交流事业也会得到深化和进一步发展，在这一过程中，两国文学作品的相互翻译、介绍、研究和出版工作也必将会得到新的发展，达到前所未有的高度。对穆赫塔尔·阿乌埃佐夫这样一代文豪的研究、作品的翻译介绍和出版也会起到应有的桥梁作用。

后　记

“一带一路”相关国家众多，代表性人物众多，为中外交好、民心相通作出杰出贡献的人士众多。因此，为“一带一路”璀璨群星立传，既使命光荣，又责任重大。在这项浩大工程的策划、组织、执行过程中，有许许多多的志士参加了有关传主的名单征集和审定，以及写作、翻译、审读、编辑、出版、筹资、联络等繁重而琐细的工作。所有参与的人员，以拳拳报国之心、尽深厚学养之力，克服了时间紧、任务重、要求高、压力大等诸多困难与挑战，最终圆满完成了任务。在本书付梓之际，丛书编委会特向参与本项目的全体同志致以崇高敬意和衷心感谢！

同时特别需要鸣谢的是，提出策划并领导实施此项目的中国传记文学学会会长王丽，基于长期法律实务经验和担任“一带一路服务机制”主席职务的便利，她对相关国家和走出去的"一带一路建设者"以及广大青少年的需求了解真切，提出应当为他们写一套介绍各国典型人物的简明易读的传记，为他们提供健康的精神食粮。她把这项"额外"的工作当成了事业，不惜四处奔走筹集经费、苦口婆心招揽作者、精心挑选传主名录、夙夜青灯挥笔写作、近乎偏执逐字推敲、亲力亲为呕心沥血。面对如此浩大的出版项目和繁重的出版任务，中国出版集团华文出版社、中联部当代世界出版社、五洲传播出版社三家出版社携手毅然承担了出版任务，努力将该传系图书列入国家的重点出版工程，以高质量的编辑和装帧，确保了这套百卷丛书的国家级水平。在此，我们特向这三家出版社的相关领导和编辑们致以崇高敬意和衷心感谢！

尤其让我们感动的是，在项目执行过程中，一些富有家国情怀的民间商会和企业家的慷慨解囊，虽不足以支撑项目的全部费用，但是他们所表现出的热心和支持，让我们坚定了走下去的信心和决心，特向他们的拳拳报国之心和慷慨无私帮助致以崇高敬意和衷心感谢！

一项伟大的事业，离不开许多默默无闻的奉献者。在本传系的组织、编写、出版过程中，有历史、文学、科研、外交、教育、法律、翻译、出版等领域的数百位专业人士参与，恕不能在此处一一详列。需要特别提出的是，鞠思佳、李华华、景峰等同志为组织联络、搜集资料到处奔波而毫无怨言，唐得阳、唐岫敏、白明亮、谭笑、曹越等同志在编写、翻译和编辑、校对过程中的细致与负责让我们感动，赵实、胡占凡、高明光、吴尚之、刘尚军、李岩、王灵桂、李永全、陈晓明、许正明、宋志军、丁云、关宏等同志睿智的指点和专业的帮助让我们避免了许多弯路。在此，我们特向以上各位同志致以崇高敬意和衷心感谢！

当然，由于我们水平所限，本丛书难免有某些不尽如人意和瑕疵之处，敬请学界专家和各位读者不吝赐教，我们将在作品再版之时吸收完善。在此，我们也向各位读者提前表示崇高敬意和深深感谢！

“‘一带一路’列国人物传系”编委会

2023 年 3 月 28 日